KUBA

Die Königin der Karibik

WHITE STAR VERLAG

CU

BA

1 Eine Arbeiterin trägt ein Bündel Tabakblätter auf einer Plantage in Pinar del Río, der westlichsten Provinz Kubas.

2–3 Der Stolz Kubas flammt in einem *mural* in Habana Vieja auf.

4–5 Fidel Castro, seit 1959 Líder maximo in Kuba.

TEXT
Martino Fagiuoli

REDAKTIONELLER ENTWURF
Valeria Manferto De Fabianis
Laura Accomazzo

GESTALTUNG
Clara Zanotti

ÜBERSETZUNG
Susanne Tauch

6 und 7 Wie Reflexe der kontrastreichen und leidenschaftlichen kubanischen Seele dominieren in der Architektur die Friese – intensive, fast ungestüme Farben, gleichzeitig zart und überladen.

INHALT

VORWORT
von Alfredo Guevara SEITE 8

KUBAS WURZELN
von Gianna Morelli SEITE 22

EINE ERDE OHNE DORNEN
von Gianna Morelli SEITE 78

PALMEN UND ZUCKERROHR SEITE 84

AN DEN GRENZEN DES PARADIESES SEITE 98

DIE FARBEN DER STÄDTE
von Lohania J. Aruca Alonso SEITE 120

HAVANNA SEITE 128
CIENFUEGOS SEITE 180
TRINIDAD SEITE 182
SANCTI SPIRITUS SEITE 200
CAMAGÜEY SEITE 206
BARACOA SEITE 216
SANTIAGO SEITE 220

DIE SEELE KUBAS
von Magdalena Alayeto SEITE 230

KUBAS RHYTHMEN UND KLÄNGE SEITE 236
DIE SANTERÍA SEITE 248
DER ZUCKER SEITE 256
DER TABAK SEITE 266

AUTOS UND KUNST
von Martino Fagiuoli und Enrico Lavagno SEITE 282

INDEX SEITE 296

WHITE STAR VERLAG

WS White Star Verlag®
ist eine eingetragene Marke von
Edizioni White Star s.r.l.

Via Candido Sassone, 24
13100 Vercelli – Italien
www.whitestar.it

ISBN 978-3-86726-151-7
1 2 3 4 5 6 14 13 12 11 10

Gedruckt in Indonesien

8 UNTEN Diese Aufnahme aus dem All zeigt die Insel von Westen fotografiert, wie sie schlank und leicht gebogen auf der linken Bildseite im Ozean ruht. Oben sieht man die Küste Haitis und mehr in der Mitte die Küste Jamaikas.

8–9 Kuba ist die ins Karibische Meer gebettete Königin des wunderschönen Archipels, der den Golf von Mexiko einschliesst.

VORWORT

VON ALFREDO GUEVARA

„LAND! Das schönste, das ich jemals sah!“ So schrieb Christoph Kolumbus begeistert in sein Bordbuch und fantasierte – in einem Rausch der Poesie – über die Meere und das mythische Indien. Die Existenz dieses außergewöhnlich schönen Landes sollte beweisen, dass die Erde eine Kugel ist. Auf der Weltkarte konnte der Seefahrer zunächst den herrlichen Strand einer Insel eintragen und dann – da es eben eine Insel war – deren ganze Umgebung. Die von einem riesigen Ozean umspülte Insel am Rande eines Archipels erstreckt sich weit

nach Norden. In ihrer Nähe liegen weitere Inseln und ein Festland, das andere Seefahrer vielleicht schon kannten. Von diesem im Atlantik verankerten Archipel aus wird man nach Europa, nach Spanien, in die Heimat ablegen (und später auch in den Norden, wo eines Tages die Vereinigten Staaten sein werden). Aber nicht nur das. Aus umgekehrter Sicht war es die dem Golf am nächsten gelegene Anlegestelle, der kürzeste Weg nach Florida und Mexiko, ins Aztekenreich, in die Welt der Maya, und noch weiter südlich nach Peru, ins Reich der Inkas. Kuba war Gold und Silber, eine Eroberung des Menschen, der diese Erde den Göttern weihen möchte. Und so kamen die Könige – selbst als Gottheiten verehrt – oder deren Vertreter mit Speeren und dem Kreuz des Erlösers auf dieses Eiland. Kuba, das zwischen zwei Meeren eingebettet liegt, wurde vom Atlantik geformt und bildet die Grenze zwischen ihm und der Karibik. Es wird der „Schlüssel zur Neuen Welt“, Scheideweg und Treffpunkt – und Bühne erster Plünderungen, denn die herrlichen Symbole Gold und Silber bewiesen wieder einmal, dass sie den Menschen mit seinen Ideen, Überzeugungen und seinem weltoffenen Geist aus Abenteuerlust und Übermut an die tiefsten Abgründe treiben können. Der ehrgeizige Mensch brachte und bringt fast immer verstecktes Elend, er war und ist ein wildes Tier, das seine eigenen Vorstellungen unter dem Deckmantel einer heiligen Mission verbirgt. Er will den

10 Zwischen den tiefgrünen, fast erntereifen Tabakblättern tauchen die Gesichter der *Vegueros* auf. Sie sind sehr erfahrene Pflanzer, die es verstehen, diese grossen kubanischen Ressourcen zu nutzen.

11 Heute ist in die kubanischen *Sierras*, die schon Revolutionären und Konterrevolutionären am Ende der turbulenten Fünfzigerjahre Zuflucht boten, wieder beschauliche Stille eingekehrt, vor allem weil sie glücklicherweise von landwirtschaftlicher Expansion und Raubbau verschont blieben.

Indio, den Wilden, den anders Denkenden zum Christentum bekehren. Aber damals war Kuba nur eine Insel im Meer, ein Treffpunkt für unterschiedlichste Menschen und auch Widersprüchlichkeiten. Gut und Böse strömten auf die Insel, Erfahrung bahnte sich von allen Seiten den Weg, Ideen und Kommerz kreuzten sich und es entstand ein Volk aus Kolonisatoren, das bald seine ureigensten Charakterzüge entwickelte, eigene Erfahrungen machte, sein eigenes Haus baute und seinen eigenen Platz in der Welt fand. Es schuf ein Bild von sich, das sich in sein Bewusstsein eingrub und später als „*criollo*", kreolisch, bezeichnet werden sollte – der Kubaner wird sagen: „Ich bin anders."

Im Wald murmelt und rumort es. Das sind die kleinen, nachtaktiven Nager, die *jutías*, oder Hunde, die nicht bellen, Papageien und andere Vögel, die so klein und zerbrechlich wie Insekten zu sein scheinen. Tausend Farben von Früchten und unterschiedlichen Kreaturen mit buntem Gefieder oder schillernder Haut verändern den Wald, der sein schemenhaftes Gesicht verbirgt und den Reisenden durch seine Eintönigkeit und doch Verschiedenheit verwirrt. Der Wald wacht über immense Schätze, Mahagoni und Zedern, Hibiskus und Ebenholz, die den Palästen Havannas und Europas eine immerwährende Majestät verleihen. Die Gaben des Waldes verflechten sich. Zwar kann der Zyklon all dies vernichten, aber er lehrt auch, dass das Symbol der Tropen ihre Bäume sind, die sich sanft in ihm wiegen oder sich ihm widersetzen können.

Der erste Kreole, der „Andere", der sich aus allen Anderen zum Kubaner entwickelte, entstand, weil er dem Zyklon und auch den vom Meer herbeiziehenden Stürmen trotzte. Diese Stürme kehren jedes Jahr wieder, ebenso sicher wie die Natur jährlich neu erwacht. Der Mensch aber brachte und bringt andere Unruhen, und die Jahrhunderte machen den Unterschied klar: Piraten, Sklaven und Kolonialmächte verkleiden sich als Rotkäppchen, und hinter schmeichelnden Reden verstecken sie ihre Reißzähne … und sobald sie können, betrügen sie.

Dieses Volk, das kubanische Volk, lernte von allen. Es lernte aus den verschiedenen Stürmen, aus jedem einzelnen, und schuf in seiner eigenen Seele diese Reinheit, die so hart, so widerstandsfähig und schön ist wie Mahagoni.

Kuba ist ein kleines Land, aber abwechslungsreich und einmalig. Es fürchtet das Anderssein nicht, sondern pflegt Samen und Frucht, die während der Jahrhunderte von Generation zu Generation seine unverwechselbare Identität prägten.

Es gibt auch das Kuba der äußerst gebildeten Menschen, die seine authentischen Wurzeln erforschten, seine Geschichte und deren Umfeld erkundeten und viel Weitblick bewiesen. Sie fanden den genauen Tag der Entstehung Kubas und sahen zwei Besorgnis erregende Ereignisse voraus, die – als sie eintrafen – den Geist Kubas schufen, der heute durch die Welt zieht und von Kubas Existenz zeugt: Unabhängigkeit und Sklavenbefreiung. Die beiden treibenden Kräfte in der kubanischen Geschichte – die nationale Identität, die sich manifestieren will, und die soziale Revolution – vereinigten sich unter einer einzigen Flagge, sie verschmolzen im kreolischen und afrikanischen Blut, in der mulattischen Seele, die den Kubaner zu einer vollkommenen Synthese eines Spaniertums werden lässt, das in Amerika einmalig ist, ob nun galizisch oder baskisch, andalusisch oder katalanisch, kastilisch oder mallorquinisch, und zu einer Stammessynthese aus

12 Der noch immer große Respekt vor dem *comandante* Che Guevara übersteigt offensichtlich jede politische und historische Vernunft und löst sich in der Erinnerung an die Menschlichkeit und das Charisma einer Persönlichkeit auf, deren Größe in der ganzen Welt anerkannt wird.

13 Schmucke Türen und Straßen, in welchen nur wenig motorisierte Fahrzeuge fahren. Der Fremde, der Verkehr und Umweltverschmutzung gewohnt ist, wird von den kubanischen Städten angenehm überrascht sein.

14-15 Wolken und Wellen spiegeln sich am schmalen Streifen des Horizonts von Cayo Coco, an der Nordküste Kubas.

16-17 Die Höhen der Sierra de los Organos und Höhlenpfeiler, die seit Jahrtausenden eingestürzt sind, dominieren das neu geschaffene Eden des Tales von Viñales im Westen Kubas.

18-19 Der Sonnenuntergang vergoldet den Malecón von Havanna während die *habaneros* ihre Strandpromenade genießen, die faszinierend und voller Leben ist.

20-21 Es ist Juli und die Zeit, in den *desfile* zu tanzen und zu musizieren, die Zeit der Umzüge mit allegorischen Karren. In Kuba feiert man den Karneval unter der Sommersonne.

Yoruba, Mandinga, Kongo und Lucumíe. Nicht die Hautfarbe zählt, denn: „Wir Schwarzen sind weiß und wir Weißen sind schwarz, wir sind alle Kubaner". Hierin liegt der wahre Zauber dieses Mestizenvolkes – Mestizen nicht wegen der Haut, die man sieht, sondern Mestizen im Wesentlichen, im vielgestaltigen Geist, der überall in Kuba den Raum findet zu fliegen, um schließlich zur Ruhe zu kommen.

Im Herzen des Kubaners - ob in Miami oder Mexiko, in Madrid oder auf den Kanarischen Inseln und unabhängig von den Vernunftsgründen, die es motivieren – sitzt ein Stachel: Sein Land, „das schönste der Welt", ist immer bei ihm, und es gibt keinen Ort, wo er es aus seinem Herzen reißen könnte. Der Kubaner ist erfüllt vom Bild und der Existenz seiner Heimat. Und diese unbesiegbare Identität verhinderte immer, dass Kuba und sein Bewusstsein zum Satellit einer anderen Nation wurden. Der Sozialismus in Kuba war königlich… sicherlich, aber er war nicht sozialistisch, weshalb er auch keine Spuren hinterließ. Aus diesem Grund folgt das nun überarbeitete Projekt in aller Stille seinem eigenen Weg, der manchmal qualvoll, erfinderisch und kreativ ist, der Zukunft in Fundamente gießt und sich schließlich in seiner kämpferischen Haltung vollendet. Der Kubaner verteidigt in seiner Heimat den Samen einer menschlichen und solidarischen Welt.

Deshalb ist das Lächeln hier offener und der Händedruck wärmer, eine Wärme, die durch die Adern fließt und das Dasein auf eine andere Ebene hebt. Ich weiß nicht zu sagen, ob es die Musik oder die Verbundenheit ist… Stille und Lärm, die sich abwechseln, um zu sagen, dass diesem widerspenstigen Rhythmus eine andere Art der Sanftheit innewohnt. Vielleicht entschloss sich José Martí deshalb – ohne die Kraft und die Schönheit des Meeres und der Wellen und den intensiven Lärm, der an Krieger erinnert, zu leugnen – in seinen *versos sencillos* („einfache Verse"), ich möchte fast sagen leise zu singen: *Das Bächlein in den Bergen / erfreut mich mehr als das Meer.* Wird es David sein, der in der Kühle zwischen dem Kleinsten der Kleinen den Samen findet, aus dem das Universum entsteht? Der Geringste ist Fleisch geworden. Das Universum öffnete einen anderen Horizont, der das Kuba der Moncada-Helden, das Kuba Fidels und die Heldentaten der Sierra in einschneidendere Heldentaten verwandelte, in Heldentaten, die Frauen und Männer, jedes Kind und jeden Alten zum Gott dieses Paradieses, des Strandes und des Waldes, der Berge und der Städte und Klippen werden lassen, zum Gott dieses riesigen Garten Eden mit unendlicher Schönheit, die einen anrühren kann, und mit der Kühle, die wie Tau aus diesem Bächlein aufsteigt, aus diesem „Bächlein in den Bergen".

Die Hand des Kubaners bleibt bis zum Morgengrauen ausgestreckt und, gefangen in seinem brüderlichen Gefühl, hält er in ihr eine weiße Rose, die er demjenigen schenkt, der ihm seine Hand reicht. Deshalb sagte José Martí in seinen bewegenden Versen auch: *Ich züchte die weiße Rose / im Juli und auch im Januar / Für den wahren Freund / Der mir seine offene Hand reicht. / Und für den grausamen, der mir mein Herz herausreißt / Ich züchte weder Artischocken noch Rauke / Ich züchte die weiße Rose.*

Dies ist das Land, das sich hier in Bildern und Worten ausdrückt, das Land der offenen Freundschaft, das mit lauter Stimme eine Rose überreicht, eine weiße Rose.

Alfredo Guevara

KUBAS WURZELN

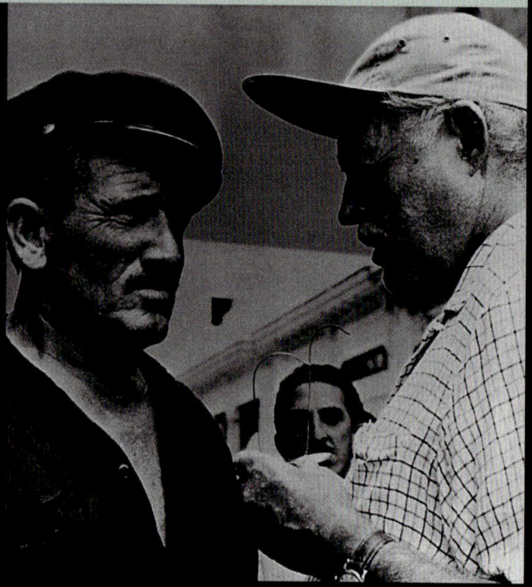

MASTIXBÄUME, RHABARBER UND MAIS

22–23 Kolumbus, Guevara, Hemingway und Castro – geniale, charismatische, gequälte und leidenschaftliche Persönlichkeiten wie sie haben nicht nur Kubas Geschichte geschrieben – sie ließen eine Legende entstehen.

24 links und rechts Die Tainos bestritten ihren Lebensunterhalt mit Landwirtschaft, aber sie lebten, wie diese Zeichnungen aus dem 15. Jahrhundert belegen, vorwiegend von Jagd und Fischfang.

25 oben Die Tainos hatten eine ziemlich ausgefeilte, soziale Struktur entwickelt, an deren Spitze der *cacique* („Chef") und die *nitainos* („Adligen") standen.

25 unten Die Weltkarte von Giovanni Leardo aus dem 15. Jahrhundert ist einer der zahlreichen Versuche dieser Zeit, die Oberfläche unseres Planeten zu Papier zu bringen.

Die Mayapriester erforschten den Himmel von Uxmal und sahen die Sterne, die wundersam verglommen. Der Herrscher von Tenochtitlán verlangte von seinen aztekischen Kriegern weitere Gefangene, um sie auf dem Hochaltar des Templo Mayor zu opfern und die Götter friedlich zu stimmen, denn die Seher verkündeten finstere Zeiten.

Unberührt von all dem genießt Kuba die tropische Sonne in den lauen Gewässern der Karibik.

Seit einigen tausend Jahren bevölkern Siboneyes und Tainos die Insel. Alle sind ursprünglich Arawak (*taino* bedeutet lediglich „friedliche Menschen", und das sagt viel über das Klima aus, das auf der Insel herrschte). Sie kamen schubweise. Sie fuhren mit Einbäumen von der Nordküste Südamerikas aus von Insel zu Insel. Sie jagten, fischten und sammelten Früchte. Um ihre Ernährung zu ergänzen, bauten sie Mais und Yucca an, woraus sie *casabe* (Brot) bereiteten. Kuba ist nicht das Paradies auf Erden – man stirbt bei der Entbindung und kämpft um eine Beute wie fast überall auf dem amerikanischen Kontinent. Aber es ist ein großzügiges Land, eine Mutter, die auch die größten Faulenzer ernährt. Es gibt Nahrung und Süßwasser im Überfluss, ein angenehmes Klima, schattige Wälder, Höhlen, um sich vor Blitz und Regen zu schützen, und es leben hier keine für den Menschen gefährlichen Tiere. Die verschiedenen Stämme teilen sich die Insel ohne größere Reibereien. Überall findet man Rhabarber und Ananas, Aloeholz und das Harz des Mastixbaumes, Zimt und Muskatnuss. Und sogar die Seltenheit, die man Tabak nennt – den besten der Welt, wie man später feststellen sollte.

PISIS
MARZO
ARIES
APRILE
TAURUS
GEMINI
LEO
VIRGO
LIBRA
FREVARO
AQVARIO

S. M. LA REINA REGENTE
LA SOCIEDAD COLOMBINA ONUBENSE

SERICA
serici montes
ASIA
c. de luria
R. de pinos
manoua
oaque Coano
jamaicha
Spagnola
bunaps
itna baxa
p. de confucda
c. della serpe
camai
cammbaru
SINARVM SI
CANCHIETE
CVRI
bel porto
veragnia
MONDO

KOLUMBUS UND DIE EROBERUNG

Es ist ein Tag wie viele andere – am Horizont taucht ein riesiges, mit Segeln bestücktes Kanu auf, das zu fliegen scheint. Heraus kommen Kreuze, lärmende Waffen und Männer, deren Gesichter so weiß sind wie die Blüte der Toa. Die Eingeborenen verharren zwischen den Bäumen in der Ferne. Dann kommen sie langsam näher.

So entdeckten Tainos und Caribe die Spanier und mit ihnen Spanien, die Pocken, die Inquisition, den Katholizismus und die Sklaverei. Und so entdeckten die Spanier die Eingeborenen Kubas. Den Europäern nach war es der 28. Oktober 1492, den Tainos nach irgendein Wintertag, der nur ein bisschen kühler war als ein Sommertag. Der Ort hieß Cayo Bariay, nicht weit entfernt vom heutigen Guardalavaca. Die Bucht war klein und bezaubernd, umgeben von einer Mauer aus grünen Wäldern, die sich auf den Anhöhen am Horizont verlieren. Als Tainos und Spanier sich trafen, wusste keiner genau, wer der andere war. Vorstellen half nur wenig: Dieser ist der *cacique* (der „Chef"), das ist der Almirante, dies der *behique* (der „Schamane"), das der Priester und das ist das Kreuz Gottes, das sind die *nitainos* (die „Weisen") und jene die Matrosen. Abends am Lagerfeuer versuchten alle zu raten, und alle täuschten sich.

Die Männer der Karavellen glaubten, sie seien in Cipango gelandet, beim erträumten Gold. Die Kubaner glaubten an Gottheiten oder ein anderes kommendes Volk. Aber sie waren nicht sonderlich besorgt, denn Tabak und Ananas gab es ja im Überfluss.

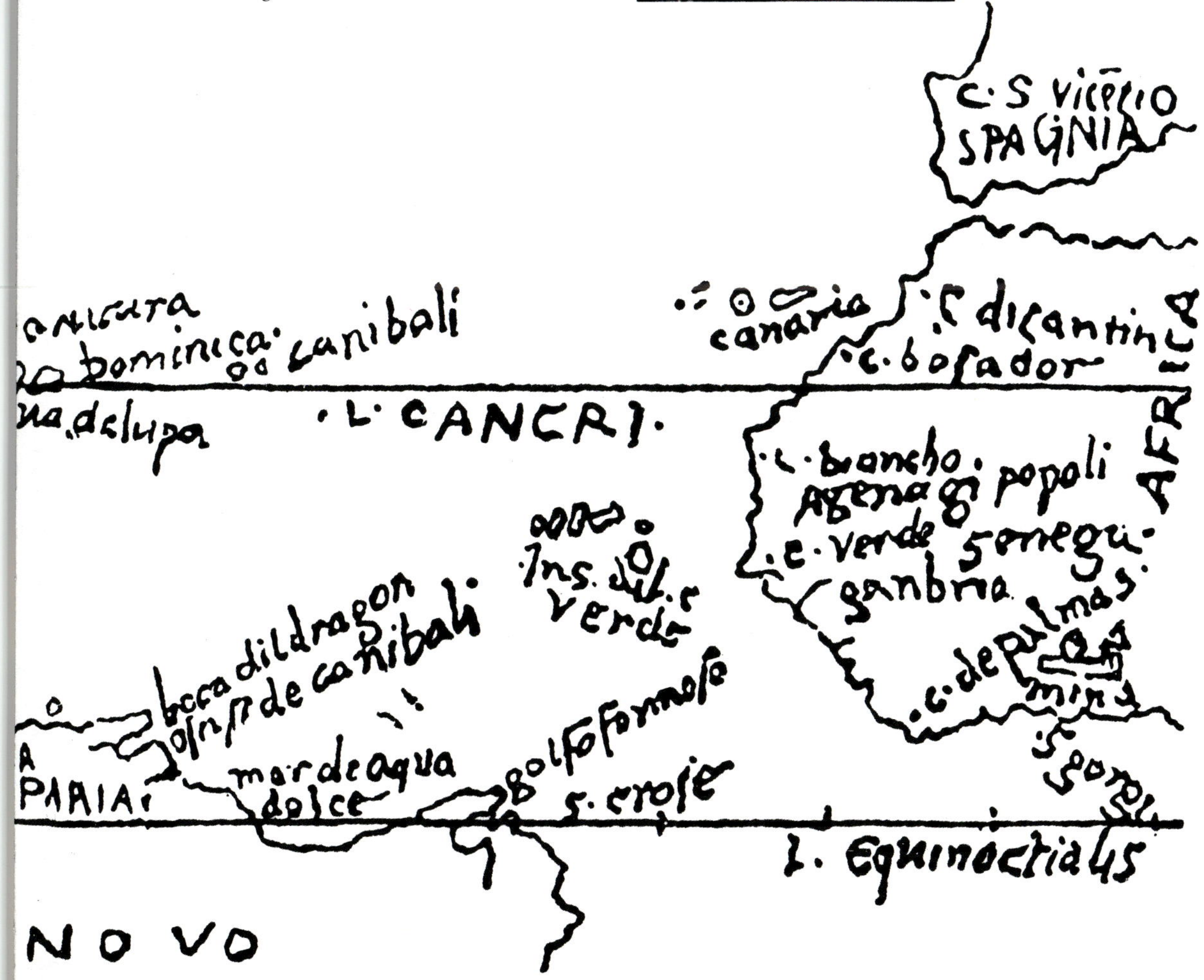

26 OBEN LINKS Zu den Zeremonien bemalten die Tainos ihren Körper mit geometrischen, schwarzweissen Zeichnungen und weiteren roten Mustern.

26 OBEN RECHTS Am 12. Oktober 1492 erreichte Kolumbus das heutige San Salvador (Bahamas).

26–27 UNTEN Diese 1505 von Kolumbus' Bruder Bartolomeo gezeichnete Karte zeigt die *Neue Welt* noch als einen Ausläufer des asiatischen Festlands.

27 OBEN Christoph Kolumbus, der 1451 in einem Ort am Meer zwischen Ligurien und Portugal, sehr wahrscheinlich in Genua, geboren wurde, starb 1506 in Valladolid.

MARE OCEANUM
meridional

28 Der Urheber dieser Karte der westlichen Hemisphäre war Juan de la Casa de Santoña, Steuermann und Eigentümer der Santa Maria, Admiral der ersten Flotte von Kolumbus.

29 OBEN Während seiner ersten (links), zweiten und vierten Reise legte Kolumbus an verschiedenen Stellen der kubanischen Küste an, doch es war Diego Velázquez (rechts), der Kuba zwischen 1510 und 1514 kolonialisierte.

29 UNTEN Auf dieser Karte erscheint Kuba in der gleichen Form wie auf der Karte von Paolo dal Pozzo Toscanelli, die Kolumbus als Orientierung diente.

Kolumbus verlor sich in seinen Träumen. Dennoch zollte er Kuba die galante Anerkennung, an die er seit dem ersten Tag gedacht und die er für San Salvador und Hispaniola aufgespart hatte: „Das schönste Land, das eines Menschen Auge jemals sah!“, die Worte, die seitdem am Anfang eines jeden Buches, Artikels, Prospekts, Essays, Katalogs oder Flugblattes stehen, die sich auf irgendeine Weise mit der Insel beschäftigen. Fünf Wochen segelte Kolumbus die kubanische Küste entlang, von der Puerto-Padre-Bucht bis zur Punta Maisí. Jenseits von Capo Bariay ging er in Gibara und dann am Strand der zukünftigen Stadt Baracoa an Land, wo er ein Kreuz aufstellte, das heute ziemlich beschädigt in der Kathedrale der Stadt zu besichtigen ist. Dann machte sich der Almirante auf den beschwerlichen Rückweg nach Europa. Er fuhr an der Westküste Hispaniolas entlang, wo die Santa Maria dann zwischen Felsen auf Grund lief.

Die Heimreise auf der Nordroute über den Atlantik dauerte 56 Tage, und erst am 28. März 1493 landete Kolumbus in Palos, immer noch unerschütterlich davon überzeugt, dass er Asien auf der Westroute erreicht hatte. Während der zweiten Reise 1494 kehrte er nochmals nach Juana zurück (so taufte er die Insel Kuba zu Ehren des Prinzen Juan). Er erkundete die Südküsten und die heutige Isla de la Juventud. Er fuhr aber nicht um die Insel herum, obwohl sein Steuermann, Juan de la Cosa, überzeugt war, dass dies möglich sei. Der Almirante *wollte* einfach glauben, dass er den asiatischen Kontinent erreicht habe.

Diese Idylle, der Respekt und die Förmlichkeiten waren nur von kurzer Dauer, denn die Spanier suchten Gold. Nachdem Kolumbus zu einer Art „komischer Kauz“ geworden war, dem man ab und zu ein Schiff für seine Spinnereien zur Verfügung stellte, betraute Spanien Experten mit der Eroberung der Neuen Welt. Die Siedlungen in Hispaniola waren gesichert, und so wurde 1510 Diego Velásquez nach Kuba entsandt, der mit 300 Mann in der Bucht von Guantanamo landete und sofort damit begann, Kuba und die Kubaner zum Eigentum Spaniens zu machen.

Gemäß dem iberischen Eroberungsritus, der sich auf dem amerikanischen Kontinent in regelmäßigen Abständen wiederholte, begann der wahre Krieg dann mit einem Gemetzel an 2.000 Indios, die eine Willkommensfeier vorbereitet hatten.

30 OBEN In kurzer Zeit konnten dank der Erforschungen von der karibischen Region genaue Karten erstellt werden. Im 17. Jahrhundert tauchte Kuba in seiner tatsächlichen Form in der Kartografie auf.

30 UNTEN Bartolomé de las Casas war bei der Eroberung Kubas dabei. Als er 1513 zum Priester ernannt worden war, wurde er zum anerkannten Verteidiger der amerikanischen Indios.

31 Die Zunahme der Küstenstädte auf dieser Karte, die noch eine ungenaue, aber schon erkenntliche Skizze des südamerikanischen Kontinents ist, zeugt von der flächendeckenden Kolonialisierung ein Jahrhundert nach der Entdeckung durch Kolumbus. Diese vom flämischen Kartografen Theodor de Bry 1592 erstellte Karte gibt Kuba und die karibischen Inseln genau wieder.

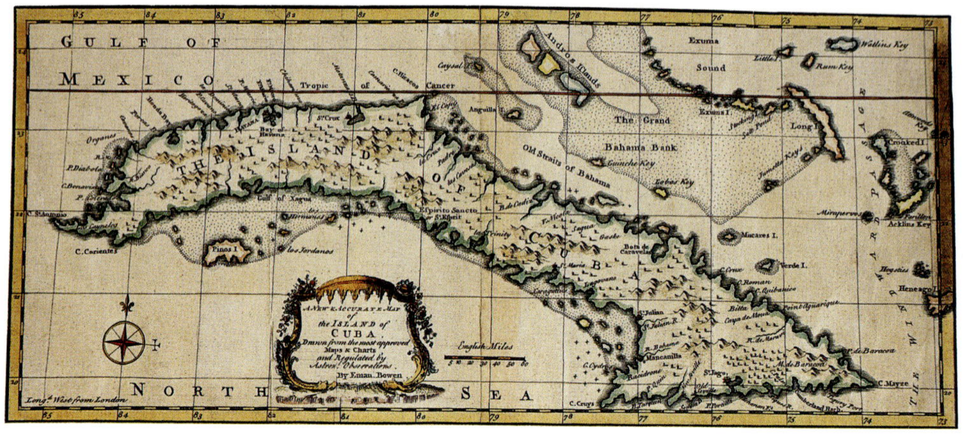

HATUEY

Die Tainos rebellierten sofort. Ihr Anführer war Hatuey. Er führte einen langen, erfolglosen Widerstand an, der ihn zum Helden machte. Er war der erste von vielen idealistischen Führern, die Kuba in den nachfolgenden Jahrhunderten hervorbrachte. Drei Monate lang belagerte er die Spanier, die sich in einem provisorischen hölzernen Fort auf einem Hügel an der Nordostküste verschanzt hatten. Doch letztendlich musste er aufgeben. An dieser Stelle entstand später Baracoa, die erste Stadt der spanischen Kolonie auf Kuba.

Nachdem die Anhänger Hatueys besiegt worden waren (man verbrannte ihn 1511 wie die Ketzer auf dem Scheiterhaufen), verloren sich die Tainos in einem ziemlich ungastlichen Land, dessen Welt nicht mehr die ihre war. Diejenigen, die der Zwangsarbeit entkommen konnten, starben in den Grotten der Sierra de Cristal oder in den entlegensten Gegenden im äußersten Osten oder Westen der Insel, die die Spanier erst später erreichten. Sie starben an Pocken, Syphillis, ja sogar an Schnupfen – und wahrscheinlich an gebrochenem Herzen. Trotz der leidenschaftlichen Proteste von Bartolomé de las Casas hatten von den 100.000 Indios (manche Quellen sprechen von 300.000), welche bei der Landung der Karavellen die Insel bevölkerten, 40 Jahre nach diesem Ereignis nur 5.000 überlebt. Bald sollte auch die Erinnerung an sie sterben; was blieb, sind Wandmalereien, Keramiken und einige Schmuckstücke.

Zwischen 1512 und 1515 gründete Velázquez die Städte, die die moderne Geschichte der Insel einleiten: Baracoa (die erste, kurzlebige Hauptstadt), Bayamo, Trinidad, Sancti Spiritus, Havanna, Camagüey und Santiago (Hauptstadt bis 1607). Kuba ist spanisch. Die *conquistadores* teilen Land, Wasser, Wälder und die wenigen Eingeborenen unter sich auf.

ENTILLES
LA TRINITE
LA TRINITE
Terre ferme
Canibales
La conqueste du perou faicte par les espaignolz
LE PEROV:
RV

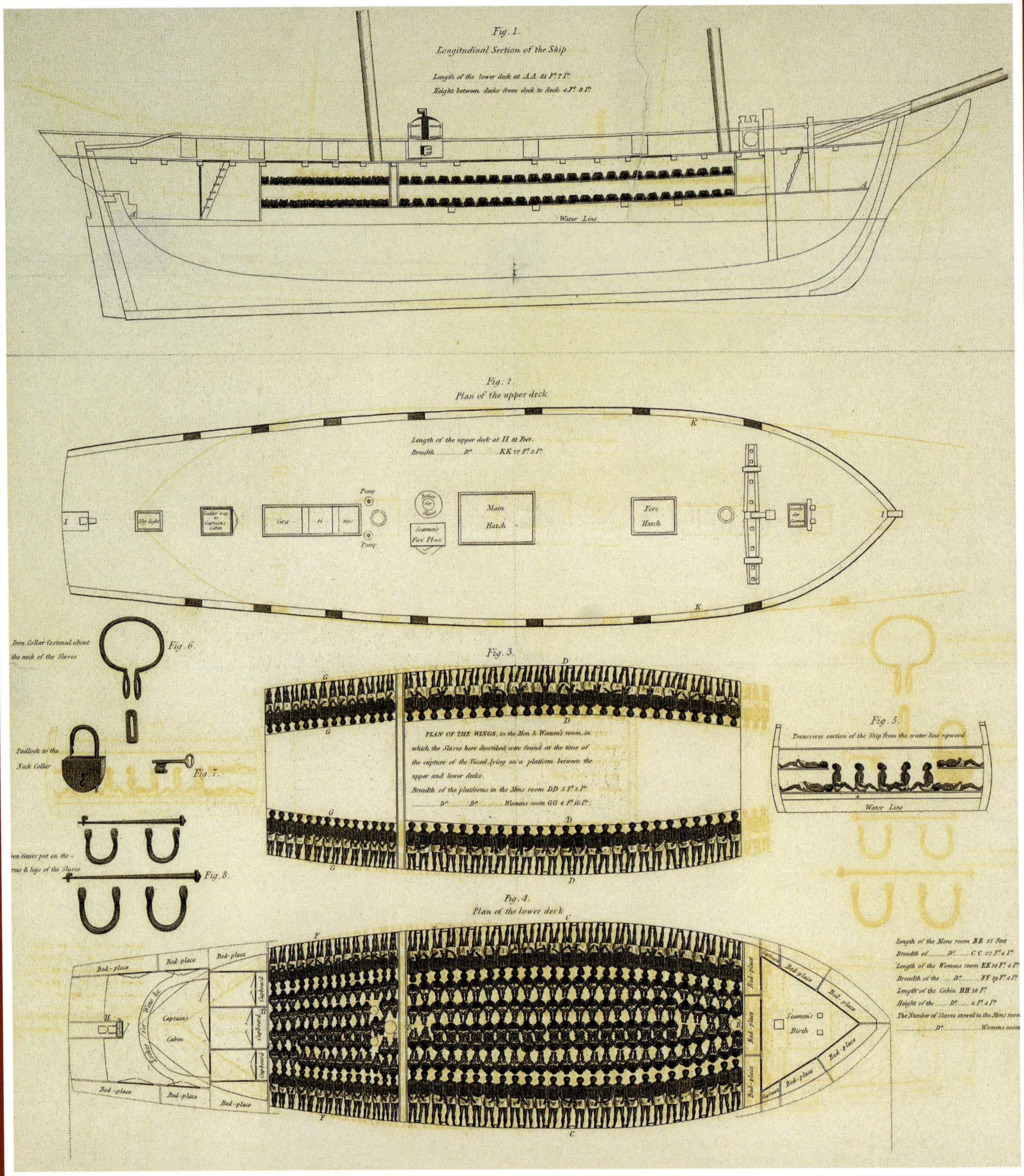

Fig. 1.
Longitudinal Section of the Ship
Length of the lower deck at AA 81 Ft. 7 In.
Height between decks from deck to deck 4 Ft. 8 In.
Water Line
Fig: 2.
Plan of the upper deck
Length of the upper deck at II 91 Feet.
Breadth Do. KK 22 Ft. 3 In.
Pump
Main Hatch
Fore Hatch
Seamen's Fire Place
Iron Collar fastened about the neck of the Slaves
Fig. 6.
Padlock to the Neck Collar
Fig. 7.
Iron fetters put on the arms & legs of the Slaves
Fig. 8.
Fig. 3.
PLAN OF THE WINGS, in the Men & Women's room, in which the Slaves here described were found at the time of the capture of the Vessel, lying on a platform between the upper and lower decks.
Breadth of the platforms in the Mens room DD 5 Ft. 3 In.
Do. Do. Womens room GG 4 Ft. 10 In.
Fig. 5.
Transverse section of the Ship from the water line upward
Water Line
Fig. 4.
Plan of the lower deck
Bed-place
Captains Cabin
Cupboard
Seamen's Birth
Length of the Mens room BB 37 Feet
Breadth of Do. CC 22 Ft. 4 In.
Length of the Womens room EE 14 Ft. 4 In.
Breadth of the Do. FF 19 Ft. 4 In.
Length of the Cabin HH 18 Ft.
Height of the Do. 6 Ft. 4 In.
The Number of Slaves stowed in the Men's room
Do. Womens room

EIN ANDERES KUBA

32 Die schwarzen Sklaven wurden in den unteren Schiffsdecks zusammengepfercht unter Bedingungen, die schlechter waren als die der Pferde und des Viehs. Der Sklavenhandel in der ersten Hälfte des 16. Jahrhunderts bis zur ersten Hälfte des 19. Jahrhunderts brachte mindestens 15 Millionen Afrikaner nach Amerika.

33 LINKS Francisco Hernández de Córdoba (hier seine Ankunft in Santiago de Cuba) wurde später von Diego Velázquez entsendet, um das mexikanische Yucantán zu erkunden (1517).

33 RECHTS Die Galeeren wie die hier abgebildete herrliche *Nuestra Señora de Guadalupe* wurden bis ins 17. Jahrhundert als Transport- oder Kriegsschiffe genutzt.

Kuba beginnt bei Null. Es spricht die Sprache Andalusiens, Galiziens, Kastiliens und Afrikas. Nachdem die eingeborenen Arbeitskräfte verschwunden waren, „importierten" die Kolonialherren, die nach und nach Abenteurer und Soldaten ersetzten, schwarze Sklaven, die von portugiesischen Kaufleuten, welche die Häfen von Guinea, Nigeria, Kongo und Angola kontrollierten, nach Kuba transportiert wurden. Die ersten kamen 1517, und erst Mitte des 19. Jahrhunderts hatte der Sklavenhandel ein Ende.

Cortéz „entdeckte" das mexikanische Silber, und Pizzarro wandelte auf den Spuren des peruanischen Silbers. Kuba besitzt nur große Mahagoni- und Zedernwälder, Obstbäume und Palmen; zu wenig, um den Versuchungen des begehrten Metalls zu widerstehen. Viele Spanier verließen die Insel, die sich schnell entvölkerte. Mitte des 16. Jahrhunderts lebten hier nur noch wenige Weiße und einige Eingeborene. Lediglich die schwarze Bevölkerung nahm zu.

Kuba schien in einem Winkel der Geschichte zu verschwinden, doch sein Schicksal änderte sich nochmals unversehens, als die von Frankreich und England unterstützten Piraten immer häufiger für Spanien bestimmte, mit Silber aus Guanajuato beladene Galeeren und später auch die aus Potosí kommenden angriffen. Um die Schiffe und die wertvolle Fracht zu schützen, wies Philipp II. die iberischen Kapitäne an, in Konvois zu fahren, die von Kriegsschiffen eskortiert wurden. Anfangs trafen sich die Schiffe der großen Flotte, die zweimal jährlich den Atlantik überquerten, in Puerto Plata an der Nordküste von Hispaniola, aber die Entdeckung des Kanals der Bahamas, der für die Navigation viel sicherer war, mischte die Karten neu.

Die herrliche Bucht von Havanna, die man durch einen engen, leicht zu verteidigenden Kanal erreichte, wurde zu dem Hafen, wo sich die aus Mexiko, Panama und Cartagena kommenden Flottenverbände sammelten. Von hier stachen die für Cadiz bestimmten, mächtigen Konvois in See, die dann, beladen mit neuen Kolonialherren und Möbeln, Stoffen und Waffen, die man gegen amerikanische Reichtümer tauschte, nach Havanna zurückkehrten. Sogar philippinische Gewürze kamen über den Pazifik nach Acapulco und weiter nach Veracruz und Kuba. So wurde Havanna gleichzeitig die Hauptstadt der Insel und einer der Hauptknotenpunkte für die gesamte Wirtschaft des Reiches von Karl V. Das war die eigentliche Geburt Kubas.

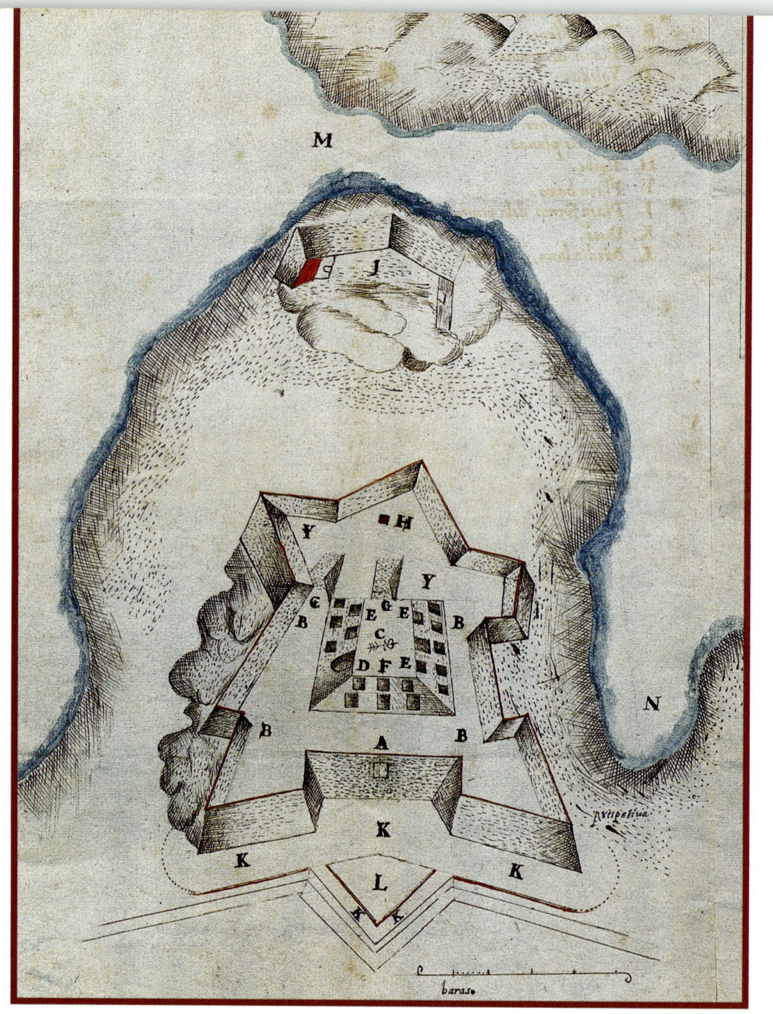

34 Grundriss des Castillo de los Tres Reyes del Morro, errichtet zwischen 1583 und 1630 nach dem Entwurf des italienischen Architekten Battista Antonelli zur Verteidigung des Hafens von Havanna.

35 Die Tabak- und Zuckerplantagen (oben) entstanden in Kuba schon ab dem 16. Jahrhundert aufgrund der wachsenden Nachfrage des europäischen Marktes. Der *trapiche* (unten), die älteste Form der Zuckerfabrik, benötigte die Arbeitskraft vieler afrikanischer Sklaven.

ZUCKERROHR UND TABAK

So kam das 17. Jahrhundert, das Jahrhundert des Barocks, der Pest und Shakespeares. Bereits Ende des 15. Jahrhunderts war das Zuckerrohr von den Kanaren oder vielleicht aus dem Süden des Pazifiks nach Kuba gekommen. Die Pflanze benötigte große Flächen, viele Arbeitskräfte für Ernte und Verarbeitung und ein warmes, feuchtes Klima. Kuba bot alles, und was es nicht gab, wurde aus Afrika importiert. Der Königshof in Madrid subventionierte die neue Kultur. Bald lebten in Kuba 50.000 Menschen, die eine Hälfte waren Schwarze, die andere Mulatten.

Das Zuckerrohr verarbeitete man in *batey*, den ersten, rudimentären Zuckerfabriken, in deren Schlafsälen große Verschmelzungen stattfanden. Zu den ethnischen Vermischungen in den *batey* kam die kulturelle Vermischung. Afrika und Spanien mischten sich, ohne es zu wollen: Sie vermischten ihr Blut, ihre Musik, ihre Sprache, ihre Götter – daraus entstand die neue kubanische Nation. So wuchsen die *criollos* heran, die Kinder des iberischen Adels, die in Kuba geboren waren und anfingen wie Kubaner und nicht mehr wie die *peninsulares* (die auf der iberischen Halbinsel geborenen Adligen) zu denken. Normen und Steuern der Krone belasteten bereits das gesamte spanische Amerika schwer, die Indios, die Schwarzen, aber auch die Weißen. Kuba war für den Rest des Jahrhunderts die wichtigste amerikanische Basis für Operationen der spanischen Marine, aber seine Küsten zogen auch Freibeuter an. Viele Städte, Trinidad zum Beispiel, blühten dank Schmuggels und Seeräuberei, und die Isla de Pinos war das wichtigste Versteck der Korsaren.

Im 17. Jahrhundert kam auch der Tabak, der im 16. Jahrhundert als Teufelswerk verschrien war, wieder zu Ehren. Die Eingeborenen bedienten sich seiner für ihre Riten und Zeremonien. Sevilla importierte ihn und verkaufte ihn in Europa, wo er reißenden Absatz fand. Ende des Jahrhunderts wusste jedermann, dass der Tabak aus Kuba unbestritten der beste der Welt ist.

36 LINKS Luís de Velsco, Kommandant des Castillo del Morro, wurde beim Beschuss während der Erstürmung Havannas durch die Engländer im August 1762 getötet.

36 RECHTS Die Engländer tauchten mit einer beeindruckenden Flotte vor Havanna auf. Sie bestand aus fünf Kriegsschiffen und circa 70 Schiffen, die Truppen, Artillerie und Vorräte transportierten.

DIE ENGLÄNDER UND DIE DAMPFMASCHINE

Der 1697 zwischen Spanien, Frankreich und England geschlossene Vertrag beendete die Piraterie in der Karibik und bescherte Kuba im 18. Jahrhundert eine völlig neue Situation. Die Wirtschaft der Insel boomte. Die Zuckerpreise und der Anbau von Zucker, Kaffee, Kakao und Tabak stiegen in schwindelnde Höhen. Doch mit dem Reichtum wuchs auch die Unzufriedenheit über das von Spanien aufgezwungene Handelsmonopol, das 1740 durch die Gründung der Real Compañia de la Habana noch verschärft wurde. Seit der unseligen Expedition der Invencible Armada, die im Sturm im Nordmeer havarierte (1588), verlor Spanien zugunsten Frankreichs und Englands die Kontrolle über die Seehandelswege. Im 18. Jahrhundert ist die iberische Herrschaft über die Ozeane bereits Geschichte. 1762 besetzte die englische Marine nach mehreren Monaten Belagerung fast ein Jahr lang Havanna. Als die Transportschiffe aus Liverpool und Birmingham schließlich das Handelsmonopol des spanischen Hofes endgültig durchbrachen, begann für die kubanische Wirtschaft, die von Spanien immer mehr erdrückt wurde, je mehr dessen politisch-militärische Macht im Vaterland schwand, eine neue Zeit. Auch als Madrid Florida an London abtrat, um die kubanische Hauptstadt zurückzubekommen, wurde es nicht mehr so, wie es ehedem gewesen war. Schmuggel und illegale Zucker- und Tabakausfuhren (zunächst vor allem nach England, später in die entstehenden Vereinigten Staaten) stiegen sprunghaft an. Allein zur Zeit der englischen Besatzung wurden fast 11.000 schwarze Sklaven aus Kuba auf die Baumwollplantagen in Virginia und Carolina verschifft.

36–37 Die Schlagkraft der zur Eroberung Havannas entsendeten englischen Flotte machte die Verteidigung für die spanische Seemacht nicht leicht.

38 OBEN Havanna im 19. Jahrhundert. Man erkennt schon, wie die Stadt über die Stadtmauern aus dem 18. Jahrhundert hinauswächst.

38 UNTEN LINKS Der *Ingenio* war die industrielle Weiterentwicklung des *Trapiche azucarero*. Die Eisenbahn und die dampfbetriebenen Mühlen veränderten die Zuckerverarbeitung grundlegend.

38 UNTEN RECHTS Hahnenkämpfe waren in Kuba bis zur Mitte des 20. Jahrhunderts sehr populär.

39 Am Dreikönigstag durften die Sklaven maskiert in den Strassen der Städte tanzen. Dies ist die Geburt des kubanischen Karnevals, den man heute am Ende der Zuckerrohrernte feiert.

Ende des Jahrhunderts führte der Aufstand der Schwarzen in Haiti dazu, dass weitere reiche Grundbesitzer nach Kuba kamen. Sie hatten die Taschen voller Goldmünzen, die sie auf den Zucker- und Kaffeeplantagen Hispaniolas angehäuft hatten. Kuba wurde zur Zuckerfabrik der Erde. Auch dank des englischen Kapitals verfünffachte sich der Export innerhalb von zehn Jahren und erreichte 1770, so sagt man, 10.000 Tonnen. So beginnt das 19. Jahrhundert. Die Technologie verbessert sich, die Dampfmaschine und die Eisenbahn (1840!) erreichen Kuba, es entstehen die *ingenios azucareros*, hydraulische Mühlen für die Zuckerrohrverarbeitung. Die Produktivität explodiert und Arbeitskräfte werden abgebaut.

Kurz vor Mitte des 19. Jahrhunderts gibt Spanien dem englischen Druck zur Abschaffung der Sklaverei, die anderswo bereits zu Beginn des Jahrhunderts beendet worden war, nach. Aber Kuba ist noch immer ein afroamerikanisches Land, zumal die schwarze Bevölkerung einige Jahrzehnte zahlenmäßig größer war als die weiße (Mitte des 19. Jahrhunderts waren sechs von zehn Kubanern Schwarze).

Musik und Tanz sind die wichtigsten Ausdrucksformen der neuen karibischen Kultur, die vor allem im Osten der Insel floriert. „Synkretismus" bezeichnet die Vermischung der Kulturen aufgrund der Ereignisse der Kolonialgeschichte in Amerika: von den autochtonen Kulturen bis zu den afrikanischen Sklaven, von den chinesischen *coolies* bis zu katholischen und protestantischen Europäern. Kuba ist – zusammen mit Brasilien – eines der größten ethnischen Labors für den afroamerikanischen Synkretismus.

In den Baracken der Sklaven, die auf den Plantagen arbeiten, mischen sich die afrikanischen Götter (die *orisha*) mit katholischen Heiligen, sie verschmelzen und überlagern sich: Changó mit Barbara von Bitinia, die wie sie die Herrin der Flüsse ist, Babalú Ayé mit dem heiligen Lazarus und so weiter. Die antiken, von den nigerianischen *yoruba* und den *congos* (Sklaven aus dem Kongo) belebten Religionen, mischen sich mit dem Katholizismus, und die *reglas*, das heißt synkretistische Kulte wie *regla-ocha (santería)* oder *regla de palo (brujería)* und Geheimbünde wie derjenige der *abakuá* entstehen.

Bei den Riten schlagen die Musiker unablässig die Trommeln oder Blechschachteln und die Rhythmen ändern sich jeden Moment, bis der Führer entscheidet, dass der Heilige angerufen wird. Jetzt, und nur jetzt, kann *Shangó* aus Afrika kommen. Er schlüpft in den Körper eines Anwesenden und versetzt ihn in *trance,* während der *santero* dafür sorgt, dass alles wie vorgeschrieben vor sich geht. Entsprechend der chronologischen Entwicklung der Zukkerindustrie und des rassischen Synkretismus gesellen sich zur *tonada* arabischen Ursprungs und zu den Kinderreimen der spanischen Märchenerzähler die Rhythmen Guineas, die auf den *passepied* und den *contredeanse* treffen, die von französischen Kolonialherren, die vor der schwarzen Revolution aus Haiti geflohen waren, in den kubanischen Osten gebracht worden waren.

40 IM 10-JÄHRIGEN KRIEG (1868–1878) KÄMPFTEN VIELE BEFREITE SKLAVEN AN DER SEITE DER AUFSTÄNDISCHEN.

41 LINKS ANTONIO MACEO, DER UNBEUGSAME MULATTENGENERAL, WURDE „BRONZETITAN" GENANNT.

41 RECHTS CARLOS MANUEL DE CÉSPEDES LEBTE LANGE ZEIT IN EUROPA, WO ER IN BARCELONA UND MADRID RECHTSWISSENSCHAFTEN STUDIERTE.

VON SIMÓN BOLÍVAR BIS JOSÉ MARTÍ

Dann, zwischen 1810 und 1820, steht das spanische Amerika in Flammen. Madrid verliert eine amerikanische Kolonie nach der anderen, nachdem es deren Reichtümer ausgebeutet hatte. Mexiko, Peru, Argentinien, Paraguay, Venezuela und Kolumbien machen sich Simón Bolívars Visionen zueigen und werden unabhängig. Alle – mit Ausnahme Kubas. Trotz der zunehmenden Unzufriedenheit über die wirtschaftlichen Restriktionen seitens Madrid kommt es hier nur zu einzelnen Unabhängigkeitsbewegungen, die von der Kolonialarmee im Keim erstickt werden. Auch weil viele Mexikaner und Menschen anderer befreiter Länder nach Kuba ins Exil gehen und die Insel dadurch zum Militärstützpunkt wird, auf den Spanien setzt, um in Amerika präsent zu bleiben (Kuba wird immer mehr zum weltweiten Hauptlieferant für Zucker, dessen Preise weiter steigen) und eventuell zu versuchen, sein Reich wieder zurückzuerobern. Mitte des Jahrhunderts setzt sich eine Gruppe von Grundbesitzern im Club de la Habana, darunter der Schriftsteller Cirilo Villaverde, sogar für den politischen Anschluss an die USA ein. Doch das Vorhaben scheitert.

Der wahre Krieg zur Befreiung vom Kolonialismus beginnt in Kuba 1868 und dauert, mit Unterbrechungen und vehementen Erschütterungen, bis zum Ende des Jahrhunderts. Die Lunte zündet Carlos Manuel De Céspedes auf seiner *finca* La Demajagua (Manzanillo). Am 10. Oktober dieses Jahres lässt De Céspedes die Sklaven seiner Plantagen frei und verliest einen Aufruf, der zum Aufstand gegen Spanien aufruft. Die Wegbereiter des Aufstandes und dessen Führer – wie De Céspedes oder Ignacio Agramonte – sind zum Großteil Söhne von Großgrundbesitzern. 1869 wird in Guáimaro die Republik ausgerufen, aber 1874 unterschreiben die Rebellen die Kapitulation. Nur der mulattische General Antonio Maceo leistet noch zwei Jahre lang Widerstand, bis auch er aufgibt. Die Tat Maceos (bekannt als „Protest von Baraguá") gilt noch heute als wesentliche Episode im Unabhängigkeitskampf Kubas, das von Invasionen bedroht war. Der erste Unabhängigkeitskrieg dauerte zehn Jahre. Lokale Revolten und ein kurzes Aufbäumen, genannt „Guerra Chica", also „kleiner Krieg" (er dauerte nur 100 Tage), prägten die Jahre bis 1895, die so genannten Jahre der „turbulenten Erholung". 1886 wurde die Sklaverei auch in Kuba endgültig abgeschafft. Das wirtschaftliche Eindringen Nordamerikas wird aggressiv. Es gibt immer mehr *central*, vollmechanische Zuckerfabriken, die wenig Arbeitskräfte, aber große Investitionen benötigen. Das Kapital kommt häufig aus den Vereinigten Staaten, so dass die moderne kubanische Zuckerindustrie immer mehr in den Händen des nördlichen Nachbarn ruht. In kurzer Zeit kommt es so weit, dass Kuba 95 Prozent seines Zuckers an die Vereinigten Staaten verkauft und 85 Prozent des Exports in die USA gehen, obwohl Kuba politisch weiterhin von Spanien abhängig ist. Die Lage wird explosiv.

42 LINKS José Martí verkörpert zwei Merkmale der kubanischen Seele, denn er war begeisterter Patriot und gefühlvoller Dichter in einer Person.

42 RECHTS Um die Aufständischen zu isolieren, deportierte Weyler über 300.000 Kubaner in Konzentrationslager, wo zigtausende starben.

43 Máximo Gómez Baéz kam 1865 als Kommandant der spanischen Reservisten von Santo Domingo nach Kuba.

JOSÉ MARTÍ

José Martí wurde 1853 geboren, doch bereits im ersten Unabhängigkeitskrieg marschierte er in vorderster Reihe, und er war noch keine 16 Jahre alt, als er zum ersten Mal zur Zwangsarbeit verurteilt und dann nach Spanien ins Exil geschickt wurde, wo er ein Jurastudium absolvierte. Dann bereiste er Frankreich, Mexiko und Venezuela. 1879 kehrte er in seine Heimat zurück, nahm am *Guerra Chica* teil und wurde erneut ins Exil geschickt. Als Dichter, Schriftsteller, Journalist und Politiker arbeitete er auf allen Gebieten, auch als Organisator. Er brandmarkte schon damals die anachronistische spanische Kolonie, aber auch die drohende Gefahr, die er in dem Versuch der Vereinigten Staaten sah, sich der Antillen zu bemächtigen, um von dort aus Südamerika zu erobern. Martí bereiste den ganzen Kontinent und bereitete neue Projekte für ein freies und – wie wir heute sagen würden – demokratisches Kuba vor. 1892 gründete er in New York die Partido Revolucionario de Cuba, zu deren erklärten Zielen auch die Befreiung Puerto Ricos gehörte. Hier gelingt es ihm, Seite an Seite mit jungen Revolutionsführern wie Barolomé Masó, Guillermón Moncada und Manuel Sanguily zu marschieren und auch mit einigen Helden der ersten Kriege, wie Antonio Maceo, der in Costa Rica im Exil lebte, und Máximo Gómez, der nach Santo Domingo zurückgekehrt war. Letzterer wurde noch vor seiner Ankunft zum Kommandant des Aufstandes ernannt, der im Frühling 1895 ausbrach und mit dem Tode seines Apostels einen dramatischen Anfang nahm, denn José Martí fiel in Dos Ríos, in der Nähe von Bayamo, in einem der ersten Kämpfe gegen die spanische Armee am 19. Mai 1895. Ein harter Schlag – aber die Arbeit und das politische Erbe Martís war stärker, sogar stärker als der Bruch, den sein Tod zwischen den Rebellenanführern auslöste. Nach militärischen Zählungen verfügten die Spanier über 50.000 gut ausgerüstete Männer, über Artillerie und Kriegsschiffe. Máximo Gómez baute auf 7.000 bewaffnete Männer. Das war alles, aber der Aufstand ging weiter.

Im Oktober, nach einigen kleineren Kämpfen, marschieren die *mambises*, so nennen sich die Revolutionäre, gen Westen. Nachdem sie die befestigte Linie von Trocha in der Region Camagüey überwunden haben, erreichen sie am 15. Dezember Mal Tiempo, wo sie auf die Spanier treffen. Die Schlacht geht wegen der 400 berittenen *mambises*, die, mit *machete* bewaffnet, die Kolonialtruppen in die Flucht schlagen, in die Geschichte ein. Zwei Jahre lang kontrollieren die Aufständischen den Osten und beschäftigen das spanische Heer auf der gesamten Insel. Spanien entsendet einen neuen Gouverneur, Valeriano Weyler, der wegen seines harten Durchgreifens gegen die Revolutionäre in die Geschichte eingeht. Weyler sorgt im wahrsten Sinn des Wortes für verbrannte Erde im Umfeld der *mambí*-Patrouillen, doch General Calixto Garcia, ein weiterer alter Held aus dem ersten Unabhängigkeitskrieg, behält die Kontrolle über die strategischen Festungen im Osten, wie Las Tunas, Camagüey und Holguín.

G. Casañas fot.
Sagua la Grande
En el Central Narcisa

ENTTÄUSCHTE HOFFNUNGEN

Die Regierung in Madrid, die durch innenpolitische Ereignisse und die Kämpfe zwischen Konservativen und Liberalen auch in der Heimat geschwächt ist, steckt in Schwierigkeiten. Ende 1897 gibt sie Kuba (und Puerto Rico) eine nutzlose Verfassung, die eine größere koloniale Autonomie vorsieht. Am 7. Dezember fällt Antonio Maceo in der Schlacht, aber das *mambí*-Heer ist bereits Herr über die Insel.

Jetzt ist der Moment gekommen, wo sich das Blatt im Sinne von Martí wendet. Angesichts der Zuspitzung des Lage schicken die Vereinigten Staaten im Januar 1898 den Kreuzer *Maine* nach Kuba, offiziell, um die US-Amerikaner im Land zu schützen. Am 15. Februar, als der Kreuzer im Hafen Havannas anlegt, explodiert die *Maine* mit 266 Marines an Bord. Wer den Sprengsatz zündete, wurde nie festgestellt, aber die Einzelheiten lassen viele Verdachtsmomente zu, zumal die Explosion den Vorwand für ein militärisches Vorgehen gegen Spanien lieferte. Die Kriegsmarine der USA zerstört die spanische Flotte in Santiago, und eine Abordnung von Marines landet in der Hauptstadt. Mit dieser Aktion führt Washington den Unabhängigkeitskrieg ad absurdum und kehrt die bereits von den *mambises* unvermeidbar errungene Autonomie der Insel in einen Sieg der Vereinigten Staaten über Spanien um. Am 1. Januar 1899 übergibt der letzte spanische General die Schlüssel Havannas in der von der US-Armee besetzten Stadt an General Brook. Der iberische Kolonialismus wird de facto von einer Art nordamerikanischen „Protektorats" ersetzt. Es entsteht die so genannte *„mediatizada"*-Republik, sanktioniert durch das Platt-Abkommen, das – mit Zustimmung des Senats in Washington – den Vereinigten Staaten Interventionen zusichert, um die Unabhängigkeit und die Inselregierung zu garantieren. Darüber hinaus zwingt man Kuba, keine internationalen Verträge ohne die Zustimmung der USA abzuschließen und den USA einige Militärstützpunkte zu genehmigen. Von diesen existiert heute noch der in Guantanamo, obwohl seit 40 Jahren zwischen den beiden Regierungen erbittert um ihn gestritten wird. Das Platt-Abkommen wurde sogar zwangsweise in die neue Verfassung der Insel aufgenommen. Schon der erste kubanische Präsident Estrada Palma wendet es an und bittet um die Hilfe des „Paten" aus dem Norden, um Arbeiterdemonstrationen niederzuschlagen, und so kehrten 1906 einige tausend Marines in die Hauptstadt zurück.

Der Erste Weltkrieg besiegelte den endgültigen Zusammenbruch der europäischen Mächte und ihres politischen und wirtschaftlichen Einflusses, vor allem auf dem amerikanischen Kontinent, was schon in der „Monroe-Doktrin" festgelegt worden war („Amerika den Amerikanern"), wo der erste Terminus den Kontinent und der zweite die Vereinigten Staaten bezeichnet. Nachdem sich Kuba im Vergleich zu den anderen lateinamerikanischen Ländern mit fast einem Jahrhundert Verspätung von Spanien befreit hatte, war es nun zu einer halbkolonialen Provinz der aufstrebenden Weltmacht USA geworden.

 Um Spanien die Stirn zu bieten, führten die USA eine mächtige Flotte ins Feld, die sowohl an den Küsten Kubas als auch entlang der Atlantikrouten operierte.

45 OBEN Spanische Kanoniere laden während einer Schlacht im Hafen von Santiago eine Kanone, um die US-amerikanische Blockade zu durchbrechen. Ohne Erfolg, denn an diesem Tag wurde die hispanische Flotte versenkt.

45 UNTEN LINKS Bezüglich der Explosion des Kreuzers *Maine* gab es die unterschiedlichsten Hypothesen, darunter auch die über eine schlechte Wartung des neuen Schiesspulvers, das in der Santa Barbara gelagert war.

45 UNTEN RECHTS Am 21. Mai 1902, dem Tag der Unabhängigkeitserklärung der Insel, wurde die US-amerikanische Flagge eingeholt. Ein sinnloser Akt, denn Kuba war *de facto* noch immer von den USA abhängig.

46 OBEN LINKS Eine Zigarrenfabrik. In der Mitte las der *Lector* allen Arbeitern Romane und Zeitungen vor.

46 OBEN RECHTS Die Calle Obispo war schon immer eine der wichtigsten Einkaufsstrassen von *Habana Vieja*, dem Kolonialzentrum der Hauptstadt.

DAS 20. JAHRHUNDERT

Zwischen den weißen, zarten Palmen tanzt man jetzt den *son* und den *danzón*, aus welchem dann die *canción habanera*, die *rumba* und der *bolero* entstehen.

Der Weg ist vorgezeichnet. Als Ernesto Lecuona in den Dreißigerjahren *Malagueña* komponiert, erobert dieses Stück sofort die Nachtclubs in New York, Paris und Rom. Und später, als die Kriegsangst sich gelegt hat und in Havanna Roulette und Black Jack 24 Stunden täglich die Dollars rollen ließen, zauberten Perez Prado und Enrique Jorrín den *mambo* und den *chachacha* aus dem Hut. Beny Moré machte die beiden Tänze in den Vereinigten Staaten populär, zusammen mit dem schon klassischen Bolero.

Zu Beginn des 20. Jahrhunderts werden Export und Import der neuen Republik fast ausschließlich mit den Vereinigten Staaten betrieben. Aus einem formalen Monopol war ein effektives Monopol geworden. Der nordamerikanische Kapitalismus investiert in Fabriken, Transport und Häuser. Das Stadtzentrum Havannas aus dem 19. Jahrhundert wird zu einem riesigen Handelszentrum und die Kolonialviertel zu einem großen, verfallenden *slum*. An der Küste im Westen, wo es jahrhundertelang keine Bautätigkeit gab, entsteht ein exklusives Viertel, das fast automatisch den Namen *„Vedado"* („verboten") erhält. In Verbindung mit der Prohibition beschreibt der Name ohne Umschweife die Realität des neuen Stadtkerns. In herrlichen, von tropischen Gärten umgebenen Villen wohnen die Herren der Insel, die herrschenden Politiker, die nordamerikanischen Geschäftsleute, die Grundbesitzer und die Kaufleute. Für andere ist die Gegend verboten, vor allem für die Schwarzen, die wirtschaftlich am Rande leben und zu über 50 Prozent Analphabeten sind.

46 UNTEN Das Kapitol Kubas, 1929 unter dem Diktator Gerardo Machado vollendet, ist das getreue Abbild des Kapitols in Washington.

47 Auf diesem Foto von 1926 flankieren die Paläste der Kolonialzeit streng und geordnet eine Strasse in *Habana Vieja*.

Um Revolten vorzubeugen, werden 1912 tausende Anhänger der Partido Colorado Independiente, die, gestützt auf die Ideen Martís, gleiche Rechte für Schwarze und Weiße fordert, von der Armee ermordet oder inhaftiert. In der Zeit nach dem Ersten Weltkrieg kommt es zu Arbeiter- und Studentenrevolten. 1925 gründen Carlos Baliño (der Ende des Jahrhunderts einer der engsten Mitarbeiter Martís gewesen war) und Julio Antonio Mella die Partido Comunista Cubano, die spätere Partido Socialista Popular. Zusammen mit den Palästen wächst auch die Korruption im öffentlichen Leben in schwindelnde Höhen. Sinnbild der während der *mediatizada*-Republik entstandenen politischen Klasse ist Gerardo Machado, der 1925 zum Präsident gewählt wird. Um sich zu profilieren, ließ er Mella festnehmen und, zwei Monate nachdem er ihn ins Exil geschickt hatte, ermorden. Dies ist nur der erste politische Mord in einer langen Reihe unter Machados Regime. In Washington hingegen bezeichnete man die Diktatur Machados als „beneidenswerte Stabilisierung der Regierung". Mittels verschiedener Notbehelfe, welche die Verfassung unterwanderten, blieb Machado bis 1933 an der Macht. Angesichts von Demonstrationen der Gewerkschaften und der FEU (Studenten) und sporadischer, von Antonio Guiteras (1933) geführter bewaffneter Aufstände, verließ Machado Havanna und hinterließ ein von der Wirtschaftskrise 1929 gebeuteltes Land mit 145 Millionen Dollar Schulden. Transport und Bankwesen, Telefongesellschaften, Elektrizität und natürlich ein Großteil der Zuckerindustrie lagen in den Händen nordamerikanischer Konzerne. Die Flucht des Diktators nach Nassau (man sagt, mit fünf Koffern voller Gold), die auch von seinen Freunden in der US-Botschaft begrüßt wurde, führt in eine gewalttätige soziale und politische Krise. Unter der Präsidentschaft des progressiven Professors Grau San Martín entsteht eine Regierung, in der sogar Guiteras und seine Radikalen vertreten sind. Der größte Sieg dieser Regierung ist die Nationalisierung der Elektrizitätswerke. Die Kommunisten bleiben nach dem Tod ihres Führers Martínez Villena auf halbem Weg stehen. Die politischen Flügel treffen auch bewaffnet aufeinander, und sogar die Armee spaltet sich. Eine Gruppe, die sich im Hotel Nacional von Havanna versammelte, wird von der Gegenseite unter der Führung eines Sergeanten mit Namen Fulgencio Batista bombardiert. Die USA, jetzt unter Franklin Delano Roosevelt, weigern sich, Machados Nachfolger anzuerkennen und frieren Investitionen und Kredite ein, die für Kuba überlebensnotwendig sind. Ein dramatisches Jahr vergeht, an dessen Ende Batista in Übereinstimmung mit US-Botschafter Summer Wells einen Marionettenpräsidenten, Carlos Mendieta, einsetzt. Guiteras wird bei einem Fluchtversuch aus Kuba erschossen. So nimmt 1934 der *„sargento"* die Zügel in die Hand und bleibt, mit kleinen Unterbrechungen, bis zum Sieg der Revolution unter Castro an der Macht. Es gelingt Batista, weitere „Marionettenpräsidenten" wählen zu lassen, die sich paradoxerweise auf Regierungen stützen, die sogar die Volksfront und hohe kommunistische Führer wie Juan Marinello und Carlos Rafael Rodríguez anziehen. 1944 wird der vom *sargento* und den Kommunisten vorgeschlagene Kandidat überraschend von dem zurückgekehrten Grau San Martín geschlagen, der jetzt an der Spitze der Partei der *„autenticos"* steht. Doch Grau, den die Intellektuellen und die Mittelschicht gewählt hatten, entwickelt eine absolut konservative Politik und greift Gewerkschaften und Progressive heftig an.

48 OBEN Korruption, politische Gewalt und Gesetzesmissbrauch charakterisierten das Regime Machados (Bildmitte).

48 UNTEN Die Dreissigerjahre: Armee und Geheimpolizei kümmerten sich um den sozialen Frieden und öffentliche Kundgebungen.

49 LINKS Grau San Martín (in Weiss, inmitten der ihn unterstützenden Militärs, darunter Batista) kam durch die Revolution der Sergeanten an die Macht.

49 RECHTS Fulgencio Batista und seine Frau (zu seiner Rechten) mit den ersten Soldatinnen Kubas.

50 OBEN LINKS Das 1939 eröffnete Tropicana ist noch heute ein *Must* für jeden Havannabesucher. Sehr schnell wurde es zum berühmtesten Lokal der Hauptstadt.

50 OBEN RECHTS Die Cosa Nostra benutzte die kubanischen Spielcasinos auch dazu illegal verdientes Geld zu waschen.

50 UNTEN Alexander und Marta Castillo auf der Bühne des Montmartre. Nach dem geglückten Attentat auf den Batistakolonell Blanco Rico wurde das Lokal 1956 geschlossen.

51 Die Freilichtbühne des *Tropicana* verlieh dem Lokal den Beinamen „Paradies unter Sternen".

DAS ROULETTE DER COSA NOSTRA UND DER MUJALISMO

Als Nebenwirkung der US-Kontrollen nistete sich in Kuba auch die *Cosa Nostra* ein. Sie spezialisierte sich auf Glücksspiele, und die Prohibition machte sie reich. In Las Vegas, in der Wüste Nevadas, hatte der Aufbau bereits begonnen, und jetzt wurde Havanna mit Casinos ausgestattet. Daneben errichteten nordamerikanische Konzerne Hotels, Bars, Schwimmbäder und alles, was man benötigte, um ins Exotische und „Verbotene" einzudringen.

Der Zweite Weltkrieg geht zu Ende, der Kalte Krieg beginnt. Auf dem internationalen Markt steigt der Zuckerpreis kontinuierlich, doch fast zwei Drittel der Produktion sind in US-amerikanischer Hand. Der kubanische Gangster Eusebio Mujal erfindet den so genannten *„mujalismo"*, der sich vor allem auf dem amerikanischen Kontinent in Form krimineller Gewerkschaften manifestiert, die sich den traditionellen mit Provokation und Mord entgegenstellen. Auf das korrupte Grau-Regime folgt Carlos Prío, der die unpopuläre Politik seines Vorgängers noch ausbaut.

Neben dem *mujalismo* existieren in Kuba Aktivitäten der politischen Polizei, der Geheimdienste aus Washington, der Mafia und der paramilitärischen Truppen, die Arbeiter- und Studentenproteste unterdrücken. Gewerkschaftsführer und Kommunisten verschwinden. Die Partido Socialista Popular wird als illegal erklärt. Die Regierung Prío überträgt US-amerikanischen Gesellschaften die Rechte am Nickelabbau – das einzige Produkt neben Zucker, das den kubanischen Export stützt und im Osten der Insel in großen Mengen vorhanden ist. In Havanna machen sich Korruption, Prostitution und Drogenkonsum und -handel breit.

52 Kurz nach dem Sturm auf die Moncada wurde Fidel Castro festgenommen und zu 15 Jahren Haft verurteilt.

53 LINKS Nach dem Sturm auf die zweitgrösste Kaserne Kubas wurde die Armee auf der gesamten Insel in Alarmbereitschaft versetzt.

53 RECHTS Die heftige Reaktion der Geheimpolizei bewies, dass die Vorgänge in der Moncada das Regime Batistas stark verängstigt hatten.

1953: EIN ANWALT NAMENS FIDEL

Im Morgengrauen des 10. März 1952, unmittelbar vor den Präsidentschaftswahlen, setzt Batista den amtierenden Präsidenten ab: Der Streich wird als *„madrugazo"*, von *madrugada* („Morgengrauen"), in Erinnerung bleiben. Über einen Monat lang dauern die Streiks und Kundgebungen gegen diesen Staatsstreich an. An der Spitze der Bewegung stehen die Studenten der FEU (Federación Estudiantil Universidaria), die während der Diktatur Batistas immer zu den Protagonisten des Widerstands gehörten. Batista setzt die Verfassung außer Kraft, schließt die Universität, füllt die Gefängnisse und verwandelt die Hauptstadt in eine Kaserne. Im April bildet er eine Regierung, die von Washington anerkannt wird.

Unter den vielen Episoden im Kampf gegen die Diktatur, der auch unter erschwerten Bedingungen fortgesetzt wird, fällt besonders die Verfassungsklage eines jungen Anwalts, eines früheren Anhängers der Partido Ortodosso, einer Abspaltung von Grau San Martíns *autenticos*, auf. Sein Name ist Fidel Castro Ruz, er ist erst 26 Jahre alt und klagt Batista des Verfassungsbruchs an. Mit dieser Tat empfiehlt sich Castro als einer der härtesten Oppositionellen und versammelt sehr schnell die radikalsten Batista-Gegner um sich. So beginnt das Jahr 1953, das Jahr des 100. Geburtstags von José Martí, von dessen Ideen sich die Gruppe des neuen Führers inspirieren lässt. Sie ist zum bewaffneten Widerstand bereit. Am 26. Juli greifen circa 100 von Abel Santamaría und Fidel Castro geführte Jugendliche während des Karnevals in Santiago die Moncada-Kaserne an, die zweitwichtigste des Landes. Sie wollen die Bürger zum Aufstand gegen Batista bewegen. Aufgrund der Feierlichkeiten können die Rebellen mit ihren wenigen Waffen in die Stadt gelangen, ohne Verdacht zu erregen. Das in Strömen fließende Bier sollte dafür sorgen, dass die reduzierten Wachen überrascht werden könnten. Die Gruppe trifft sich in einem Landhaus, Granjita Siboney, wenige Kilometer von Santiago entfernt. Im Morgengrauen des 26. Juli postiert sich eine kleine Gruppe unter Abel Santamaría bei dem Hospital vor der Moncada, um zunächst den Eingang unter Beschuss zu nehmen. Eine weitere Gruppe unter Raul Castro, Fidels Bruder, bezieht auf dem Dach des Gerichts Stellung, von wo aus man den Kasernenhof überblicken kann. Wegen einer Reihe von Fehlern und unglücklichen Umständen scheitert die Aktion jedoch. Die Autos der Gruppe unter Fidel fallen genau vor dem Eingang den Militärs in die Hände. Ein Kampf ist unausweichlich und ermöglicht es den 1.000 in der Kaserne schlafenden Männern, in Stellung zu gehen und die Rebellen zurückzuschlagen. Der Überfall endet in einem Blutbad. Viele Angreifer werden gefangen genommen, gefoltert und ermordet. Santamarías Augen werden seiner Schwester Haidée gezeigt, um sie zur Preisgabe aller Namen der Komplizen zu zwingen. Am Ende stehen über 70 Tote, von welchen nur sechs im Kampf gefallen sind. Fidel und Raul Castro entgehen der Gefangennahme für einige Tage, doch als sie gefasst werden, kann die Polizei sie nicht mehr einfach ermorden. Die Rebellen werden zu einigen Jahren Gefängnis im Presidio Modelo auf der Isla de Pinos (der heutigen Isla de la Juventud) verurteilt. Während des Prozesses hält Castro die berühmte Rede, die mit folgendem Satz endet: „Die Geschichte wird mich freisprechen!" Dieser Satz wird zum Manifest der Bewegung des 26. Juli werden. Der Überfall scheiterte zwar, aber er bewies, dass die Geheimpolizei Batistas nicht allmächtig war.

54 OBEN RECHTS Die *Granma* wurde von Militärs gesichtet, noch bevor alle Waffen an Land gebracht werden konnten.

54 UNTEN Camilo Cienfuegos gilt mit seinen Brüdern Castro und Guevara als eine der mythischen Figuren der kubanischen Revolution.

55 Fidel Castro zwischen Partorita Nuñes, rechts, und Celia Sánchez, die sowohl während des Krieges in der Sierra als auch in der Revolutionsregierung eine wichtige Rolle spielte.

54 OBEN LINKS Die Ideale und Lehren Martís waren immer ein erklärtes Ziel der Revolutionsführer (hier Che Guevara).

DIE YACHT GRANMA

Batista erklärt die Kommunisten als illegal, obwohl ihre Partido Socialista Popular den Sturm auf die Moncada entschieden verurteilte. Dann schafft er die Pressefreiheit ab. 1954 gewinnt er die Wahlen, an welchen nur willfährige Männer der zweiten Garnitur teilnahmen. Im Mai 1955 erlässt der Diktator auf Druck des Volkes und durch sein neues Präsidentenmandat gestärkt eine Amnestie. Um den Kampf weiterzuführen, geht Fidel Castro nach Mexiko, wo offiziell die „Bewegung 26. Juli“ (Tag des Sturms auf die Moncada-Kaserne) entsteht. In Mexiko wirbt Castro auch Ernesto „Che“ Guevara, einen argentinischen Arzt, für seine Guerilla an. Che hatte in Guatemala am Kampf von Kolonell Arbenz teilgenommen, der durch einen von den USA unterstützten Staatstreich niedergeschlagen worden war. Ende November 1956 schiffen sich 82 Anhänger des 26. Juli auf der Yacht *Granma* Richtung Ostkuba ein. Am 30. November erhebt sich Santiago. Die Revolte wird von Haidée Santamaría, Celia Sanchez und Frank País, dem Führer des 26. Juli in Kuba, angeführt. Der Aufstand sollte von der Landung der Männer der *Granma* ablenken, doch ein Navigationsfehler führte zu einer zweitägigen Verspätung des Schiffes. Am 2. Dezember, als die Yacht Kuba erreicht, war die Revolte bereits von der Armee niedergeschlagen worden, und Marine und Luftstreitkräfte Batistas kontrollierten die Küsten. Die Rebellen gehen in Playa Las Coloradas (Manzanillo) an Land, anstatt, wie vorgesehen, in Nicaro. Ein Drei-Tage-Marsch Richtung Sierra Maestra half nicht, sich aus der Umzingelung zu lösen. In Algería del Pío wurde die Kolonne überraschend angegriffen und völlig vernichtet. Nur ein Dutzend der Aufständischen entkommen dem Tod oder der Gefangennahme. Aus diesem versprengten, kleinen Grüppchen (die Überlebenden wurden von Bauern versteckt und konnten sich erst zwei Wochen später wieder treffen) beginnt – entgegen aller Logik – die kubanische Revolution. Unter anderen nehmen daran Fidel Castro, sein Bruder Raul, Camilo Cienfuegos und Che Guevara teil.

56 Die ersten Monate in Sierra Maestra waren für die Rebellen sehr hart, denn sie waren ständig gezwungen, vor den Patrouillen der Armee zu fliehen.

57 OBEN LINKS In den Fünfzigerjahren entging Batista (hier zwischen den Wachen des Präsidentenpalastes nach dem Angriff des Directorio Estudiantil) mehreren Anschlägen.

57 OBEN RECHTS José Antonio Echevarria, Führer des Directorio, fällt im Kugelhagel, als er nach dem fehlgeschlagenen Attentat auf Batista versucht, in die Universität zurückzukehren.

57 UNTEN 1958: Fidel Castro und seine Männer im Hauptquartier der Rebellen, der Comandancia de la Plata in Sierra Maestra.

DIE REVOLUTION

Mitte Januar kommt es zur ersten militärischen Operation: Die Gruppe greift die kleine Kaserne von La Plata an der Küste der Provinz Santiago an. Im Februar lädt Castro Herbert Matthews von der *New York Times* nach Sierra Maestra ein. Für die Batista-Presse ist Fidel nach der Landung der *Granma* gestorben, aber in der US-Zeitung veröffentlichte Fotos widerlegen seinen Tod, der vom Verteidigungsministerium verbreitet worden war. Auf den Bildern tragen alle Rebellen lange Bärte. Im März stürmen die Studenten des Directorio Estudiantil von Havanna den Präsidentenpalast und den Sitz eines der wichtigsten Radiosender der Insel, des *Radio Reloj*. Wie der Anführer der Rebellen, José Antonio Echevarria, über Mikrofon verkündet, ist es das Ziel, Batista zu beseitigen und seinem Regime ein Ende zu machen. Doch der Diktator flüchtet in die obersten Etagen des Palastes, wo es den Rebellen nicht gelingt, ihn vor dem Eingreifen von Polizei und Armee dingfest zu machen. So werden Echevarria und seine Mitstreiter zurückgeschlagen und dezimiert. Das ganze Jahr 1957 lang halten die Guerilla der *barbudos* die Armee auf klassische Art durch Überfälle und schnelle Rückzüge in Schach. Gleichzeitig entstehen unterstützende politische Aktivitäten auf der gesamten Insel. In Sierra Maestra und den umliegenden Gegenden steigt die Unterstützung durch die Bauern, die gezwungen sind, für einen Hungerlohn auf den Plantagen der multinationalen nordamerikanischen Konzerne zu arbeiten. Diese Unterstützung ist für das Gelingen des Aufstandes wesentlich. Auch wichtige nationale bürgerliche Schichten, die gegen die Batista-Gruppen und die ausländischen Unternehmen sind, sympathisieren mit der Revolte. In Santiago wird im Juli die Beerdigung von Frank País, den Batista einige Tage vorher hatte ermorden lassen, zu einer Demonstration gegen das Regime. Die Armee löst die Demonstration mit Waffengewalt auf. Im August meutern in Cienfuegos die Mannschaften verschiedener kubanischer Kriegsschiffe und übernehmen die Kontrolle über den Hafen und die Stadt – doch nur bis zum Eingreifen der Luftstreitkräfte, die von B56-Bombern aus den USA unterstützt werden. Der Aufstand endet erneut mit einem Massaker. Dennoch scheinen alle Episoden zufällig und kontrollierbar, und so unterschätzen Batista, der Botschafter, die US-Unternehmen und die Cosa Nostra weiterhin die Lage.

58 Das Viertel Vedado in Havanna im Januar 1958. Das dunkle Gebäude links ist das noch im Bau befindliche *Habana Hilton,* der letzte von US-Unternehmen in der Hauptstadt erbaute Wolkenkratzer.

59 OBEN Hemingway liess sich in den Dreissigerjahren in Kuba nieder. Er war ein leidenschaftlicher Hochseefischer. Hier lächelt er (rechts) neben einer seiner legendären Beuten in die Kamera.

In Havanna geht das Spiel weiter. Die Banketts in der US-Botschaft nehmen kein Ende, die Mafia eröffnet neue Hotels und Spielcasinos, und im Vedado entstehen Wolkenkratzer. Aus Florida kommen Luxusyachten mit Passagieren, die von den exotischen Farben, den *fiches* und den Bacardi-Reklamen ganz begeistert sind. Ebenso ist es mit den Flugzeugen aus Miami, Washington und New York, die jede Woche auf dem Flughafen *habanero* von Rancho Boyero landen. Die Bosse der Cosa Nostra, wie Arleto Batisti, George Raff und Mayer Lanksy, lassen sich in der kubanischen Hauptstadt nieder, um die Casinos der Hotels Capri, Riviera, Hilton, Nacionál, Comodoro, Seville Biltmore und der Cabarets Tropicana, Montmartre und Sans-Souci zu kontrollieren.

Marihuana wird frei verkauft, während Kokain und Opium nur den Betuchten vorbehalten sind. Ganze Viertel im Zentrum von Havanna und in der Hafengegend werden zu riesigen Bordellen.

Im Hotel Nacionál haben farbige Gäste nach wie vor keinen Zutritt; nicht einmal Nat King Cole und Josephine Baker dürfen die elegante Eingangshalle am Golf von Mexiko betreten. In den In-Lokalen tanzen und singen Ginger Rogers und Katyna Ranieri. Hemingway schreibt auf seiner Finca Vigia in San Francisco de Paula am Rande der Hauptstadt – zwischen Hochseefischerei im Golfstrom und einem trockenen *daiquiri* im Floridita – Artikel und Erzählungen.

Große Kaufhäuser wie das *Encanto* und das *Fin de Siglo,* die in zehn- und zwölfstöckigen Gebäuden untergebracht sind, dominieren die Einkaufsstraßen im Zentrum, von der Calle San Rafel (dem Boulevard) über die Calle Nettuno bis hin zur Avenida Galiano. Die Damen der lateinamerikanischen Bourgeoisie kommen sogar aus Caracas und Panama, um hier die neuesten Kreationen Diors zu erstehen.

Die *microondas* der Polizei kontrollieren alles, vom Prado bis in die Außenbezirke. Hin und wieder explodiert an einer Ecke eine Bombe, was jedoch kaum Eindruck hinterlässt.

59 UNTEN LINKS März 1959: Grosse Werbetafeln erleuchten den Prado – die Strasse, die Strandpromenade (Malecón) und den Hauptplatz (Parque Central) im Zentrum Havannas verbindet.

59 UNTEN RECHTS Das 1930 eröffnete *Hotel Nacionál,* am Eingang des neuen Viertels Vedado, war über ein halbes Jahrhundert lang das renommierteste Hotel Havannas.

60 Nach Batistas Flucht begleiten Feste und Kundgebungen überall die Reise Fidel Castros von Santiago nach Havanna.

61 OBEN LINKS Ganz Havanna versammelte sich vor dem Präsidentenpalast, um Fidel Castro und den neuen Präsidenten Manuel Urrutia zu begrüssen.

61 OBEN RECHTS Die Eroberung von Santa Clara am 29. Dezember 1958 öffnete Che Guevara den Weg nach Havanna.

61 UNTEN Fidel Castro, hier mit Camilo Cienfuegos (rechts), kam am 7. Januar 1959 nach Havanna.

1958

Erst 1958 entschließt sich der Diktator zu einer Großoffensive. Die Operation Verano („Sommer“) beginnt im Mai. Die besten Truppen werden nach Sierra Maestra entsendet: 1.200 Bewaffnete mit Artillerie und Panzern, unterstützt von den modernsten Luftstreitkräften Lateinamerikas. Auf Fidel Castro ist ein Kopfgeld von 100.000 Dollar ausgesetzt. Aber es ist zu spät: Aus der Sierra überträgt *Radio Rebelde* an alle Kubaner die Meldungen der Guerilla, die immer neue Siege über die Armee erringt.

Nach zwei Monaten ist die Operation gescheitert. Viele Soldaten und Offiziere desertieren und laufen zu den Rebellen über. Die massiven, wahllosen Bombardierungen der Dörfer im gesamten Osten Kubas schüren die Aversion gegen das Regime, und die gleichzeitig im Programm des 26. Juli angekündigte Agrarreform führt zu einer Annäherung der *campesinos* an die Guerilla. Zu dieser Zeit sind viele Kubaner wirklich überzeugt, dass aus der Sierra etwas Neues, einschließlich der *barbudos,* kommen werde. Castro beginnt, wie es die *mambises*-Generäle im Unabhängigkeitskrieg getan hatten, mit den Vorbereitungen für einen Marsch gen Westen. Die Vereinigten Staaten vermehren ihre Kräfte an der Seite Batistas, doch die Lage des Regimes wird zusehends prekärer. Innerhalb weniger Monate kontrollieren Raul Castro und Juan Almeida den Osten, während Guevara und Camilo Cienfuegos nach Westen vordringen. Ende Dezember erobert Guevara Santa Clara, nachdem er den gepanzerten Zug mit 350 Soldaten hatte entgleisen lassen, der Verstärkung in die Stadt bringen sollte (29. Dezember). In der Silvesternacht startet das Flugzeug Batistas von Havanna nach Miami. Am 2. Januar 1959 marschieren die Männer unter Cienfuegos und Guevara in der Hauptstadt ein. Wenige Tage später erreicht auch Fidel Castro Havanna, wo er vom Balkon des Präsidentenpalastes zu einer begeisterten Menschenmenge spricht.

1959–1962: DIE ERSTEN JAHRE DER REVOLUTION

62 OBEN LINKS Nach der fehlgeschlagenen Invasion in der Schweinebucht verlassen die Familien der festgenommenen Konterrevolutionäre Kuba Richtung Vereinigte Staaten.

62 OBEN RECHTS 1961 bringt die Revolutionsregierung eine flächendeckende Kampagne zur Alphabetisierung auf den Weg.

62–63 Am 16. April 1961 erklärt Fidel Castro in Havanna in einer Rede an der Kreuzung der Calle 23 und der Calle 12 des Vedado den sozialistischen Charakter der kubanischen Revolution.

63 OBEN Antonio Nuñes Jiménez (links mit Fidel Castro im Juni 1959), erster Direktor des nationalen Instituts für die Agrarreform, verteilt den kubanischen Grossgrundbesitz an die Bürger.

Die Agrarreform, die Anhebung der Mindestlöhne, die Begrenzung bei Immobilienbesitz und die Verstaatlichung der Verkehrs- und Telefongesellschaften stehen im Gegensatz zu den nordamerikanischen Interessen. Bereits zwischen März und Mai wird *Cuban Telephone* verstaatlicht und aller Grund, der 400 Hektar übersteigt, enteignet und teilweise unter Kleinbauern aufgeteilt. Die frühere Armee wird durch Einheiten, die im Osten gekämpft hatten, ersetzt. In Sierra del Escambray, in der Mitte der Insel, organisieren sich vom CIA unterstützte kontrarevolutionäre Gruppen, die erst im Februar 1961 unschädlich gemacht werden können. Am 28. Oktober 1959 stürzt Camilo Cienfuegos auf dem Rückflug von einer Mission in Camagüey ab – er hatte dort Hubert Matos verhaftet, der die Waffen gegen die neue Regierung erhoben hatte – und zieht in den Pantheon der Nationalhelden ein. Viele der reichen kubanischen Familien verlassen die Insel Richtung Miami, sind sich aber sicher, bald zurückzukommen. Natürlich ließen sie Haus und Boden im Stich, aber sie zählten auf das ordnende Eingreifen Washingtons. Das belgische Schiff *La Coubre*, das Waffen für die neue kubanische Armee liefern soll, wird vom CIA im Hafen von Havanna in die Luft gesprengt. Es gibt dutzende Tote, und die Assoziation mit dem Ende der *Maine* drängt sich auf. Um gegen die in den Städten verübten Attentate vorzugehen, bildet sich die CDR, Comité de Defensa de la Revolución. Kuba verstaatlicht die US-Banken; die USA stoppen die Erdöllieferungen an Kuba und schicken kubanischen Zucker zurück. Als Antwort darauf verstaatlicht Kuba auch die Zuckerfabriken, die Raffinerien und die Nickelminen und beginnt damit, den Zucker im Tausch gegen Erdöl an die UdSSR zu liefern.

Es beginnt eine große Alphabetisierungskampagne, an der tausende Lehrer und Studenten unentgeltlich mitwirken, und in kurzer Zeit ist die Insel eines der Länder mit der geringsten Quote an Analphabeten weltweit. Mit dieser Initiative erreicht die Revolution auch die entlegensten Dörfer.

64 OBEN RECHTS Die Parade anlässlich des zweiten Jahrestages (2. Januar 1961) von Batistas Festnahme fand nur einen Tag vor Eisenhowers Entscheidung, mit Kuba zu brechen, statt.

64 UNTEN Getreu seiner Gewohnheit begab sich Fidel Castro (hier in Playa Girón) mehrmals persönlich zu den kubanischen Militärstützpunkten, um diese zu kontrollieren.

65 OBEN LINKS Kennedy authorisiert den CIA, die Invasion Kubas zu organisieren, doch – entgegen den Erwartungen der Exilkubaner – riskiert er keine direkte Verwicklung der US-Marine in die Operation.

65 OBEN RECHTS Die Niederlage der Invasoren der Schweinebucht wird für Fidel Castro ein politischer Sieg, der ihm Zustimmung und Sympathie im In- und Ausland einbringt.

65 UNTEN Der US-Stützpunkt Guantanamo/Caimanera (hier ein Foto vom April 1961) wurde der US-Marine mit einem 1903 unterschriebenen und 1934 erneuerten Vertrag überlassen. Ein Ende ist nicht festgeschrieben, es sei denn, beide Regierungen stimmen einer Auflösung des Vertrags zu.

64 OBEN LINKS Während der Krise im Oktober 1962 wurden alle Küsten Kubas von der Armee und den bewaffneten Bürgermilizen strengstens überwacht.

Am 15. April 1961 bombardieren US-Flugzeuge, getarnt mit den kubanischen Farben, die wichtigsten Flughäfen der Insel, um die Luftabwehr zu treffen. Am 16. April verkündet Fidel Castro bei der Beisetzung der Opfer den sozialistischen Charakter der Revolution. Am nächsten Tag landen 1.500 Exilkubaner in der Schweinebucht an der Südküste, weil sie sich auf einen Generalaufstand gegen das neue Regime verlassen. Die Invasion, die monatelang unter der Schirmherrschaft des CIA in Guatemala vorbereitet worden war, stützt sich auf Militärflugzeuge, welche die USA lieferten. Dem Plan zufolge soll ein Teil der sumpfigen Halbinsel Zapata besetzt werden, eine Übergangsregierung, die von Volksaufständen unterstützt wird, gebildet werden und den USA ein direktes Eingreifen zur Verteidigung der Demokratie gestattet werden. Doch all das blieb Hypothese, und nach drei Tagen war alles vorbei. 300 Angreifer wurden sofort erschossen, die übrigen festgenommen. Am 25. April verkündet der Präsident der Vereinigten Staaten John F. Kennedy ein totales Wirtschaftsembargo gegen die Insel. Es wird zum längsten der zeitgenössischen Geschichte werden. 1962 wird Kuba aus der OAS (Organisation amerikanischer Staaten) ausgeschlossen. Nur Mexiko und Kanada unterhalten noch diplomatische Beziehungen zur neuen Revolutionsregierung, und das Wirtschaftsembargo führt zu einer Intensivierung der Beziehungen Kubas zu den sozialistischen Ländern des *Comecon*.

66–67 1960 tritt Castro bei der Herbstsitzung der UNO auf. Bei dieser Gelegenheit trifft er im Hotel Teresa in Harlem, wo die kubanische Delegation untergebracht ist, Nikita Chruschtschow, den Führer der UdSSR.

67 OBEN LINKS Im Juli 1961 findet auf der Plaza de la Revolución in Havanna eine grosse Kundgebung zu Ehren des sowjetischen Kosmonauten Gagarin statt, der zusammen mit Castro vom Balkon aus daran teilnimmt.

67 OBEN RECHTS Der UN-Sicherheitsrat wurde am 25. Oktober 1962 zu einer ausserordentlichen Sitzung einberufen, um über die sowjetischen Missiles in Kuba zu verhandeln.

67 UNTEN Im November 1962 begannen die sowjetischen Schiffe, die kubanischen Missiles nach Russland zurückzubringen.

Im Sommer desselben Jahres scheint sich das Gespenst eines Atomkrieges über die Karibik zu legen. In Sierra del Rosario (Pinas del Río) werden 42 russische Missiles stationiert, die zur Hälfte mit Atomsprengköpfen versehen sind. Im August bestätigen US-Aufklärungsflüge diese Stationierung. Im Oktober umzingeln Einheiten der US-Navy Kuba. Kein Schiff erreicht die Insel ohne Durchsuchung.

Die halbe Welt versetzt ihre Streitkräfte in Alarmbereitschaft. Am 22. Oktober verlangt Kennedy in einer flammenden Fernsehansprache an die Nation den Abbau der Missiles. Gleichzeitig verlangt Russland den Abzug der US-amerikanischen Atomraketen aus der Türkei, und Havanna, das mitten zwischen den beiden Supermächten steht, verlangt von den USA die Aufhebung des Wirtschaftsembargos und das Ende aller Unterstützungen für antikubanische Aktivitäten.

Und es verlangt den Abzug der Marines vom Stützpunkt Guantanamo. Aber Kuba ist isoliert. Die U2 der Vereinigten Staaten überfliegen weiterhin die Insel und fotografieren Einrichtungen. Die gesamte kubanische Bevölkerung ist mobilisiert und bewaffnet, um Fabriken, Verkehrsadern und Küsten zu schützen.

Kennedy erhöht seinerseits den Preis und fordert am 15. November zusätzlich zur Destationierung der Missiles den Abzug der Ilyuschin-28-Bomber.

Die Lage ist festgefahren, und der Druck erhöht sich noch. Aber einige Tage später schließt man einen Kompromiss: Die Missiles werden auf russische Schiffe verladen, und im Gegenzug verpflichtet sich Kennedy, die territoriale Unantastbarkeit und die Unabhängigkeit Kubas anzuerkennen, das seinerseits dann auf die Bomber verzichtet. Es ist der 20. November 1961 – vielleicht war der Dritte Weltkrieg niemals so nah.

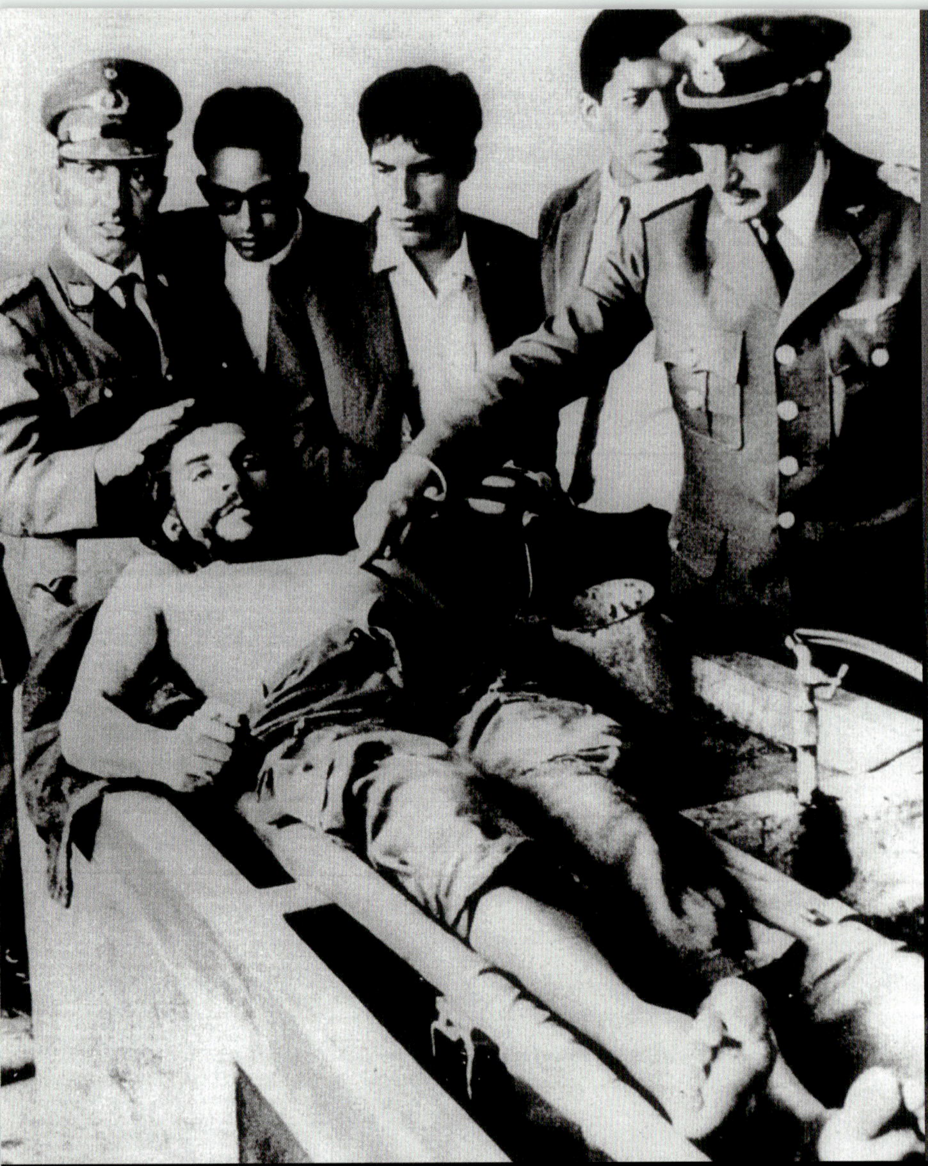

68 OBEN 1965 LEGTE ERNESTO „CHE" GUEVARA SEINE OFFIZIELLEN ÄMTER IN KUBA NIEDER UND GING NACH BOLIVIEN, WO ER IM OKTOBER 1967 GEFANGEN GENOMMEN UND AUF BEFEHL DER REGIERUNG ERSCHOSSEN WURDE (LINKS). 30 JAHRE SPÄTER WERDEN SEINE STERBLICHEN ÜBERRESTE NACH HAVANNA ÜBERFÜHRT, WO FIDEL UND RAUL CASTRO NEBEN DER URNE MIT SEINER ASCHE TOTENWACHE HALTEN (RECHTS).

68 UNTEN AUF DEM ERSTEN KONGRESS DER NEUEN KOMMUNISTISCHEN PARTEI KUBAS (DEZEMBER 1975) WURDE DER ENTWURF FÜR EINE NEUE VERFASSUNG AUSGEARBEITET, DIE IM DARAUF FOLGENDEN JAHR IN KRAFT TRAT.

69 KUBA UNTERSTÜTZTE WIRTSCHAFTLICH UND POLITISCH DAS SANDINISTISCHE REGIME, DAS AUS DER REVOLUTION 1979 HERVORGING. DAS FOTO ZEIGT CASTRO BEI DER BEGRÜSSUNG DES PRÄSIDENTEN DANIEL ORTEGA IN MANAGUA.

70–71 IRONISCH, GEDANKENVERLOREN, LEIDENSCHAFTLICH. DIESE AUSDRUCKSVOLLEN BILDER ZEIGEN EINIGE TYPISCHEN ZÜGE GUEVARAS.

VON BOLIVIEN ZUR BERLINER MAUER

1965 wird die Partido Comunista Cubano neu gegründet. Bei dieser Gelegenheit verkündet Fidel Castro, dass Guevara Kuba verlassen habe, um andernorts gegen den Imperialismus zu kämpfen, um „zwei, drei, viele Vietnams zu schaffen". Im Jahr danach erscheint Che an der Spitze einer Guerillagruppe in Südbolivien. Das Unternehmen, das sogar von der bolivianischen kommunistischen Partei boykottiert wurde, stellt sich bald als undurchführbar heraus. Nach einigen Anfangserfolgen wird Guevara im Oktober 1967 gefangen genommen und erschossen. Das Foto seiner auf dem Tisch in einer Hütte auf einer Hochebene in den Anden liegenden Leiche geht um die Welt. Sein Tod erschüttert ganz Lateinamerika, und nicht nur das: Ein Mythos entsteht. In den Sechzigerjahren, nach einer weiteren Welle von Verstaatlichungen – einschließlich des Einzelhandels, um den Schwarzmarkt zu bekämpfen – schlägt 1970 die *grande zafra* (Zuckerrohrernte) fehl, zu welcher die kubanische Regierung das ganze Land mobilisiert hatte. Angesichts einer stagnierenden Wirtschaft, die keine schnelle Industrialisierung ermöglichte, wurde die Parole von zehn Millionen Tonnen Zuckerproduktion ausgegeben (fast das Doppelte der vergangenen Jahre). Um dieses Ziel zu erreichen, wurden Unsummen investiert und zehntausende Freiwillige beschäftigt, doch letztendlich betrug die Ernte nicht mehr als 8.500 Tonnen, und der Preis dafür war eine Stagnation aller übrigen wirtschaftlichen Aktivitäten. Nach dieser Erfahrung bringt die Regierung einige schüchterne Versuche zur Produktionsentzerrung auf den Weg. 1975 findet der erste Kongress der Kommunistischen Partei Kubas statt und 1976 die ersten Wahlen des Poder Popular. In diesen Jahren, mit Jimmy Carter als Präsident in Washington, kommt es zu einer leichten Entspannung zwischen Kuba und den USA. Es gibt einen begrenzten Austausch an diplomatischen Vertretungen und weitere Gesten der Annäherung. Dem Hilfsersuchen des angolanischen Präsidenten Agostino Neto wird entsprochen. Es entsteht die erste Luftbrücke, die erste Kontingente kubanischer Militärs nach Afrika bringt. In den Achtzigerjahren erreicht das Kontingent 50.000 Einheiten, die entscheidend bei der Verteidigung der legitimen Regierung in Luanda mitwirken, das sich seine Unabhängigkeit von Portugal erkämpft. Die Kubaner verteidigen das Land auch gegen die Invasion der südafrikanischen Truppen. Kuba greift in diesen Jahren auch aktiv bei der Unterstützung von Menghistu in Äthiopien ein – gegen eine somalische Invasion, welche die Abspaltungsversuche von Ogaden unterstützt. 1979 findet in Havanna die VI. Konferenz der blockfreien Staaten statt, deren Präsident Castro drei Jahre lang ist. Bei der Erziehung, im Gesundheitswesen und bei den Beschäftigungszahlen hat die Insel bereits die Standards der entwickeltsten westlichen Länder übertroffen. Einerseits zeichnet sich in den Achtzigerjahren bereits der Zerfall der UdSSR und der kommunistischen Regime Europas ab, andererseits verschärft sich die Krise zwischen Washington und Havanna periodisch, geschürt auch von den Provokationen der Exilkubaner in Miami. 1980 durchbricht ein LKW das Tor der peruanischen Botschaft und überrollt die Wachposten. Die kubanische Regierung verkündet, dass sie niemanden aufhalte, der um politisches Asyl bäte, und die Botschaft füllt sich mit 10.000 Kubanern. Darüber hinaus öffnet Fidel den Hafen von Mariel für eine gigantische Seebrücke, die 120.000 Kubaner nach Florida bringt. Anfangs wurden die *marielitos* mit ostentativem Enthusiasmus von Washington aufgenommen, dann aber, aus Furcht vor der Quantität und der „Qualität" der Auswanderung, gebremst. Zu Beginn der Achtzigerjahre unterstützt Kuba wirtschaftlich und politisch die sandinistische Revolution in Nicaragua und ist dessen erster Verbündeter gegen die von den USA lancierte aggressive Politik. Die US-Marines besetzen Grenada (1983), wobei 50 Menschen verletzt oder getötet werden, darunter kubanische Ärzte, Techniker und Soldaten, die am Bau eines neuen Flughafens arbeiteten. Grenada hatte den Weg der sozialistischen Wirtschaft eingeschlagen, aber – wie schon im Fall von Nicaragua – griffen die USA direkt und ohne zu zögern ein, um die Gefahr „eines weiteren Kubas" auf den Antillen zu verhindern. 1988 unterzeichnet Havanna ein Abkommen mit Angola und Südafrika. Doch Südafrika zieht sich zurück und setzt sich für die Unabhängigkeit Namibias ein. Folglich zieht Kuba sein Militärkontingent ab. Im selben Jahr wird General Ochoa, einer der Helden der afrikanischen Kampagnen, des illegalen Medikamentenhandels angeklagt und hingerichtet. 1989 fällt die Berliner Mauer.

DIE 90-ER JAHRE, DIE PERÍODO ESPECIAL UND DER TOURISMUS

72 LINKS Fidel Castro besucht 1996 eine Zuckerraffinerie. Es ist eines der schwierigsten Jahre für die Wirtschaft Kubas.

72 RECHTS In die USA emigrierte Kubaner äussern bei einer Kundgebung 1995 in New York ihre Ablehnung.

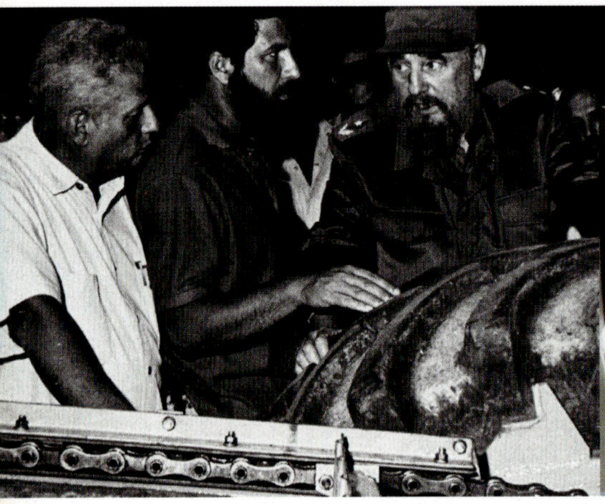

Nachdem UdSSR und Comecon zusammengebrochen waren, die 90 Prozent des kubanischen Handels ausmachten, stürzte die Wirtschaft der Insel in eine scheinbar ausweglose Krise.

In der ersten Hälfte der Neunzigerjahre gibt es lange Schlangen vor halbleeren Läden, das Verkehrssystem bricht zusammen, viele Fabriken und Büros werden vorübergehend oder endgültig geschlossen, und wegen der Nahrungsmittelknappheit werden Lebensmittelkarten eingeführt. Für einen Dollar werden auf dem Schwarzmarkt 150 Pesos bezahlt. In einem Land, dessen Schul- und Gesundheitssystem zu den fortschrittlichsten weltweit gehören, wird es schwierig, ein Aspirin, ein Blatt Papier oder einen Liter Milch (rigoros für Neugeborene reserviert) zu bekommen. Viele Stunden tagsüber und in der Nacht wird der Strom abgeschaltet. Kuba wird immer einsamer und dunkler.

Die verfügbaren Ressourcen werden in die Entwicklung des Tourismus gesteckt, der die einzige Möglichkeit zu sein scheint, um die nötigen Devisen für die überlebensnotwendigen Dinge zu bringen und die Wirtschaft anzukurbeln. 1993 und 1994 liegt das Land buchstäblich am Boden. 1994 verlassen tausende Kubaner illegal das Land. Die meisten Flüchtlinge versuchen, mit improvisierten Booten (*balsas*) nach Florida zu gelangen und verschwinden nicht selten im Meer. Am 5. August greift Fidel persönlich ein, um eine Spontankundgebung auf dem Malecón, der Strandpromenade Havannas, zu beruhigen, die aus Unzufriedenheit über die Verschlechterung der Lebensbedingungen entstanden war. Viele im Meer aufgegriffene Flüchtlinge wurden von den USA auf den Stützpunkt Guantanamo und erst nach den Vereinbarungen zwischen Washington und Havanna im September 1994 in die Vereinigten Staaten gebracht, um die Abwanderung der *balseros* in geordnete Bahnen zu lenken.

Viele prophezeien das Ende des sozialistischen Regimes, und die Anti-Castro-Organisationen in Miami melden sich zu Wort. Die Präsidentschaft Clintons, die Hoffnungen auf Annäherung zwischen Washington und Havanna nährte, erlebt eine Verschärfung des Wirtschaftsembargos, das auch noch auf Unternehmen in Ländern ausgedehnt wird, die in Kuba investieren (Elms-Burton-Gesetz). Dieses Gesetz ist die US-amerikanische Antwort auf den Abschuss zweier kleiner Flugzeuge der Organisation „Hermanos al rescate", die von Kubanern in Miami unterhalten wird. Diese hatten – wie schon vorher passiert und wie es wieder passieren wird, sogar direkt über Havanna – den kubanischen Luftraum verletzt und der Aufforderung, nach Florida zurückzukehren, keine Folge geleistet.

Trotz der immensen wirtschaftlichen, sozialen, politischen und humanen Schwierigkeiten kam es in Kuba nicht zu lebensunwürdigen Zuständen. Die wesentlichen Dienstleistungen wie Schule und Gesundheitssystem hielten stand, ebenso die Verteilung der lebensnotwendigen Güter. Und die Insel erhielt sich ihre Unabhängigkeit.

73 Grosse Tafeln, Plakate und Slogans mit politischen und sozialen Themen säumen die Strassen und Gassen kubanischer Städte. Diese heroische Ikone Castros erleuchtet die Nacht in Pinar del Río.

EIN LANGSAMER AUFSCHWUNG

74 Der Besuch des Papstes in Kuba war ein grosses politisches und kulturelles Ereignis für die katholische Kirche, für Kuba und für ganz Lateinamerika.

Unterdessen wird im Sommer 1993 den Kubanern der Devisenbesitz gesetzlich erlaubt. Millionen Dollar, die von Verwandten aus Miami an kubanische Familien geschickt worden waren, die am wirtschaftlichen Rande dümpelten, gelangen in den Wirtschaftskreislauf. Zwischen 1994 und 1997 werden alternative Märkte für Lebensmittel und andere Handelsware wieder geöffnet, und kleine Unternehmen wie Restaurants (*paladares*), Handwerksbetriebe, Taxis, Straßenmärkte und Familienpensionen für Touristen dürfen wieder geführt werden. Zeitgleich werden eine Reihe von Maßnahmen ergriffen, um ausländische Investoren ins Land zu bringen. Auf dem Tourismussektor, aber auch in Industrie, Erdölforschung, Bergbau, Zuckergewinnung und auf dem Immobilienmarkt entstehen hunderte Unternehmen vor allem mit Beteiligungen europäischer und kanadischer Gesellschaften. Diese Maßnahmen kurbeln die Wirtschaft wieder an, führen aber zu großen sozialen Umwälzungen. Ein Hotelpage mit seinen Dollartrinkgeldern verdient wesentlich mehr als ein Arzt, dessen Gehalt in Pesos bezahlt wird. Die Öffnung des Marktes und der massive Touristenstrom bringen Phänomene wie Beamtenbestechung und Prostitution hervor, was die Regierung wiederholt zum Eingreifen zwingt. International betrachtet kommt Kuba jedoch aus der Isolation. Kanada und die Europäische Union halten sich nicht an das Investitionsdiktat Washingtons. Fidel Castro bereist Europa und wird 1996 von Papst Johannes Paul II. im Vatikan empfangen. 1998 besucht der Pontifex Havanna und weitere kubanische Städte. Mit den Worten Karol Woytilas widersetzt sich die Kirche dem Embargo der USA.

Im November 1999 sinkt ein Schiff der *balseros* in der Meerenge von Florida. Nur ein Ehepaar und der 7-jährige Elián Gonzales werden von US-amerikanischen Fischern gerettet und nach Miami gebracht. Die Mutter des Jungen, Kellnerin in einem Hotel in Varadero, und ihr zweiter Mann sind im Meer verschollen. Im Krankenhaus erinnert sich Elián Gonzales an die Telefonnummer seines Vaters, der in Cárdenas in der Nähe von Varadero lebt. Die Ärzte unterrichten ihn, und er benachrichtigt einige Familienangehörige in Miami, damit diese sich kümmern mögen. Diese jedoch, unterstützt von der Fundación Nacional Cubano-Americana (eine der schärfsten Anti-Castro-Organisationen in Miami) fordern und erhalten von der US-Einwanderungsbehörde das Sorgerecht für den Jungen, der – wie sie versichern – nicht nach Kuba zurück möchte. Dies ist der Anfang einer monatelangen Zerreißprobe, die von den Castro-Gegnern in Miami skrupellos ausgeschlachtet wird. Auf Wunsch des Vaters schalten sich kubanische Diplomaten ein. Der kleine Elián wird zu einer Art Geisel im Haus des Großonkels im kubanischen Viertel von Miami, wo ihn Demonstranten bewachen. Der Großonkel weigert sich sogar, ihn den US-Behörden zu übergeben. Die Fundación Nacional Cubano-Americana warnt die kubanische Regierung davor, den Vater nach Miami reisen zu lassen, denn er werde nicht mehr zurückkehren, wenn er einmal in Miami sei. Als eindeutige Antwort schickt Fidel den Vater mit der ganzen Familie, seiner neuen Frau und deren Kindern nach Miami – keiner bittet in den USA um Asyl. Am 24. April 2000, nach sechs Monaten, muss die Polizei den Jungen gewaltsam aus den Händen der Verwandten befreien. Dann endlich, Anfang Mai, überträgt das Berufungsgericht in Atlanta das Sorgerecht für Elián wieder dem Vater und sie kehren nach Kuba zurück. Die Geschichte geht um die Welt und wird ein Beispiel für die komplexe Situation, die Kuba, die Vereinigten Staaten und die in beiden Ländern lebenden Familien verbindet, und auch für ein seit 1966 geltendes US-Gesetz (scharf kritisiert von Havanna, wo man es „Ley de Ajuste Cubano" nennt). Es behandelt die Kubaner, die illegal in die USA kommen, anders als alle anderen Ausländer. Sobald ein Kubaner US-amerikanischen Boden betreten hat, erhält er eine Aufenthaltsgenehmigung und eine *green card*, eine Arbeitserlaubnis.

75 Die Geschichte von Elián Gonzales macht erneut die komplexen Beziehungen zwischen Kubanern und Exilkubanern in Miami offenkundig.

76 OBEN ALS ENGAGIERTER REDNER WUSSTE FIDEL CASTRO SICH DIE FÜHRUNG DER REGIERUNG ZU ERHALTEN, AUCH IN DEN JAHREN VIELFÄLTIGER SCHWIERIGKEITEN UND ANFEINDUNGEN.

DAS JAHR 2000

76 UNTEN LINKS BEI DEN OLYMPISCHEN SPIELEN IN ATLANTA 1996 GING DAS KUBANISCHE TEAM IN DIE GESCHICHTE EIN, ALS ES IM BASEBALL VOR DEN US-AMERIKANISCHEN „HEILIGEN KÜHEN" DIE GOLDMEDAILLE GEWANN.

Es ist das Jahr 2000, ein neues Jahrtausend. Seit langem besiedelt Coca Cola, aber auch ein kubanischer Rhythmus Lateinamerika, der dem Wortsinn nach eine Mischung aus unterschiedlichen Zutaten ist: *salsa*. Die Musikgeschichte Kubas sucht weltweit ihresgleichen. Immer wieder bringt sie überraschende Meister hervor, wie den legendären, 90-jährigen Compay Segundo. Clinton und Fidel Castro treffen sich bei der UNO und schütteln sich, wie im Protokoll gefordert, die Hände. Dann wiederholt der kubanische Führer in einer Kirche in Harlem sein Plädoyer für die Rechte armer Länder gegen die Arroganz der nördlichen Welt. Der Wechselkurs fällt bis auf 20 Pesos für einen Dollar. Die Touristenzahlen übersteigen 1,5 Millionen pro Jahr. In Havanna, Trinidad, Baracoa und Santiago werden gigantische Summen für die Wiederherstellung des wertvollen architektonischen Erbes der historischen Städte investiert. Bei den Olympischen Spielen provoziert Kuba abermals die USA, und zwar beim Baseball. Ein wichtiges Abkommen über Erdöllieferungen wird mit Venezuela geschlossen. Die Insel kann aufatmen. Die Suche nach einem neuen ökonomischen und sozialen Gleichgewicht ist keineswegs abgeschlossen, aber Kuba sieht dem Jahr 2000 erhobenen Hauptes entgegen. Darauf hatten vor einigen Jahren nur wenige gewettet.

76 UNTEN RECHTS DEZEMBER 2000: ELF JAHRE NACH GORBATSCHOW, DEM LETZTEN SOWJETISCHEN PRÄSIDENTEN, BESUCHT DER RUSSISCHE PRÄSIDENT WLADIMIR PUTIN KUBA.

77 OBEN EIN ALTER PANZER ERINNERT DARAN, DASS SEIT DEM VERSUCH, IN DIE SCHWEINEBUCHT EINZUDRINGEN 30 JAHRE VERGANGEN SIND (HAVANNA, 19. APRIL 2001).

77 UNTEN EINE FOTOMONTAGE ZEIGT DEN HÄNDEDRUCK (NICHT FOTOGRAFIERT) ZWISCHEN CASTRO UND CLINTON BEIM UNO-GIPFEL IM SEPTEMBER 2000.

RACING ★ ★ ★ ★ FINAL

MTV Rocks Radio City

PAGES 6 & 7

DAILY NEWS

NEW YORK'S HOMETOWN NEWSPAPER

FLAP OVER BILL & FIDEL UN MEETING

ALL SHOOK UP

PAGES 2 & 3

DAILY NEWS PHOTO ILLUSTRATION

EINE ERDE OHNE DORNEN

78 MEER ODER LAND? SCHWER ZU SAGEN, WELCHES DIE LEBENDIGERE UND FARBIGERE WELT DIESER AM WENDEKREIS DES KREBSES GELEGENEN INSEL IST.

79 DIE KÜSTE IN DER GEGEND VON SANTA MARÍA LA GORDA IN DER PROVINZ PINAR DEL RÍO. DER NAME GEHT AUF EINE HELDIN AUS DER PIRATENGESCHICHTE DER INSEL ZURÜCK.

80 IN DER SIERRA DEL ESCAMBRAY, IN DER VIELE ENDEMISCHE PFLANZEN GEDEIHEN, HERRSCHT EIN FRISCHES UND BESONDERS GESUNDES KLIMA.

81 LINKS AUF EINER KALKANHÖHE (*MOGOTE*) DES TALS VON VIÑALES SCHUFEN DIE SCHÜLER VON DIEGO RIVERA EIN VON DER MENSCHHEITSGESCHICHTE INSPIRIERTES *MURAL*.

81 RECHTS DER FLACHE GIPFEL DES EL YUNQUE BEHERRSCHT DIE GEGEND UM BARACOA IM ÄUSSERSTEN OSTEN KUBAS.

EINE ERDE OHNE DORNEN

Der Wendekreis des Krebses verläuft einige Kilometer nördlich von Havanna, und tatsächlich ist auf Kuba, der größten der Antilleninseln zwischen dem Golf von Mexiko und der Karibik, alles tropisch: Klima, Landschaft, Natur, aber auch Kultur, Gewohnheiten und Lebensrhythmus.

Das Klima ist im Sommer warm, im Winter mild, auch wenn in der Vergangenheit die Damen der Habanerabourgeoisie die Damen aus Paris und New York imitierten und zu Weihnachten lange Pelzmäntel und Paletots mit Fuchskrägen trugen. Die Sommertage sind sehr heiß, besonders im Osten und im Landesinneren, aber in den Nächten weht fast überall eine frische Brise.

Auch das Meer ist zu jeder Jahreszeit lau, und Silvester kann man beim Baden im Meer feiern. Kuba ist 1.250 Kilometer lang (vergleichbar mit der italienischen Halbinsel), aber im Durchschnitt weniger als 100 Kilometer breit – das heißt, das Meer ist allgegenwärtig. Kuba ist ein Geschöpf des Meeres. Die Passatwinde bringen Regenfälle vom Atlantik – für wenige Stunden am Tag und in den Frühlingsmonaten –, welche die Trinkwasserreservoirs füllen und die üppige Natur gedeihen lassen. Zwischen Ende August und Ende Oktober bringt der Ozean manchmal mehr oder weniger heftige Stürme, die über die Insel fegen und palmenhohe Wellen aufbrausen lassen. Kuba ist auch ein Geschöpf des Windes. Palmen sind ebenfalls ein allgegenwärtiger Teil der Landschaft; wenn es regnet oder ein leichter Wind weht, singen und tanzen sie. Deshalb ist Kuba auch ein Geschöpf der Musik.

Wenn man „Kuba" sagt, meint man in Wahrheit den kubanischen Archipel, denn die Isla Grande ist von über 4.000 Inseln und Inselchen (*cayos*) umgeben. Das Land hat eine Fläche von 110.000 Quadratkilometern, das heißt ein Fünftel Spaniens oder etwas mehr als ein Drittel Italiens. Die kleineren Inseln umfassen zusammen 5.000 Quadratkilometer, die Hälfte davon liegt in der Region der Isla de la Juventud.

Die Isla Grande ist eine ununterbrochene Ebene, die nur im Osten von der ausgedehnten Bergregion der Sierra Maestra und verschiedenen Gebirgsketten in den Gegenden von Guantanamo, Baracoa und Mayarí verdrängt wird. Weitere bedeutende Anhöhen liegen im äußersten Westen (Sierra de Guaniguanico) und in der Mitte (Sierra del Escambray).

Weite Hügelregionen erstrecken sich zwischen Havanna und Matanzas, zwischen Santa Clara und Sancti Spiritus, im Zentrum der Insel, und zwischen Camagüey und Holguín weiter westlich.

In der Ebene liegt die Temperatur - mit leichten, saisonalen Schwankungen – bei 22 bis 26° C und sinkt selten unter 10° C. Die wärmsten Gegenden liegen im Osten mit glühenden, trockenen Sommern, aber kaum steigt man etwas höher, wird das Klima angenehmer. In der Sierra Maestra (vulkanischen Ursprungs) liegt der Pico Turquino, die höchste Erhebung der Insel, mit 2.000 Metern Höhe. Nicht weit davon entfernt entspringt der längste Fluss Kubas, der Río Cauto, der in die Karibik mündet.

82 DIE UNVERSCHMUTZTEN KÜSTENGEGENDEN (WIE DIE HIER ABGEBILDETE GEGEND VON VARADERO) UND DIE *CAYOS* ENTWICKELN SICH ZUNEHMEND ZU TOURISTENZENTREN.

83 DIE GEWÄSSER, WELCHE DIE SCHMALE PENINSULA DE HICACOS (VARADERO) IN DER PROVINZ MATANZAS UMSPÜLEN, GELTEN ALS DIE KLARSTEN KUBAS.

EINE ERDE OHNE DORNEN

Das Zuckerrohr hat die ursprüngliche Landschaft verändert. Oft wurden tropische Wälder durch monotone Plantagen und die für Ernte und Verarbeitung notwendige Infrastruktur ersetzt. Der Wald, der vor einem Jahrhundert noch mehr als die Hälfte des Landes bedeckt hatte, wurde 1959 auf weniger als ein Sechstel reduziert. Aber die schwer zugänglichen Zonen blieben erhalten, zum Beispiel die Bergregionen, die Mangrovenwälder an den Küsten, der warme Sand der *cayos*, die weiten Sümpfe und die herrlichen Palmenwälder von Baracoa.

Die Landschaft im Innern der Insel ist sanft, hügelig und grün, mit den weißen Stämmen der Palmen, den scharlachroten Blüten der Bougainvilleen und den feuerroten Flamboyants. So wenigstens erscheint die Natur, wenn man die Carretera Central, die Hauptverkehrsader des Landes, entlangfährt. Sie verbindet Havanna mit fast allen wichtigen Städten, von Pinar del Río im Westen bis Santiago im Osten. Kleinere Städte und Dörfer sind überall verstreut, mit Ausnahme der Sumpfgegend von Ciénaga de Zapata und einem Großteil der *cayos*, die zumindest bis zur Entstehung des Tourismus unbewohnt waren. Auf dem Land, vor allem in entlegenen Gegenden, gibt es noch zahlreiche *bohíos*, die traditionellen Holzhütten mit Palmendächern, welche die Felder säumen.

Nicht viel anders sieht die ebene Landschaft der Isla de la Juventud aus, wo sich zu den Palmen noch hohe, maritime Pinien gesellen.

Die Küste der Isla Grande ist über 3.700 Kilometer lang, die Küstenlänge der kleineren Inseln beläuft sich auf über 5.000 Kilometer. Die flache, sandige Nordküste, gesäumt von *cayos* und langen Korallenriffs, erstreckt sich in den Golf von Mexiko in Richtung der Bahamas, wo das Wasser nur wenige hundert Meter tief ist. Der Osten der Südküste hingegen liegt am Bartlettgraben, der in 40 Kilometer Entfernung von der Küste über 7.000 Meter tief ist. Hier ist die Küste zu einem großen Teil von Brackwasserlöchern, Mangroven und Röhricht durchzogen, mit wenigen Ausnahmen wie der Küste von Guantanamo, wo steiniges Gelände und Kakteen eine wüstenartige Landschaft prägen und das Klima wenig einladend ist.

Eine weitere Ausnahme ist die Felsenküste am Fuß der Sierra Maestra und der Sierra del Escambray. Sand, Mangrovenwälder und Korallenterrassen verbinden die *cayos* mit dem Meer. Für die Isla de la Juventud sind viele Felsen und wenig Strand charakteristisch.

Die geringe Bevölkerungsdichte an den Küsten und auf den kleineren Inseln, das fast vollständige Fehlen großer Industriezentren und eine sehr umsichtige Umweltpolitik sorgten für eine nahezu unversehrte Unterwasserwelt. Eine Klassifizierung ist schwierig, auch wenn die bekanntesten Tauchzentren im Westen liegen: Isla de la Juventud, Cayo Largo und Punta Gorda im äußersten Westen Kubas. In Punta Gorda, das seinen Namen der legendären María la Gorda – Gefangene, Freundin und Geliebte der Piraten und Korsare – verdankt, kann man ins Meer eintauchen, wo sich Karibik und der Golf von Mexiko begegnen.

85 OBEN Die Naturvielfalt im Landesinneren Kubas scheint grenzenlos. Der Wasserfall von Soroa (Mitte) ist einer der vielen im Tal von Viñales, wo es viele Höhlen und unterirdische Wasserläufe gibt.

PALMEN UND ZUCKERROHR

Unter „Gebirge“ versteht man in Kuba vor allem die Sierra Maestra, die sich parallel zur Südküste im Westen Santiagos erstreckt und fast den gesamten Küstenstrich der Provinz bedeckt. Es ist eine wilde, gesunde Gegend, in der Eichen und Baumfarne wachsen, durchzogen von Bächen und Pfaden, die bis in die höchsten Höhen reichen, dorthin, wo der Wald zu einem echten Bergwald mit Kiefern und Zedern wird. Diese Merkmale machten die Sierra – neben der geografischen Entfernung zur Hauptstadt, zum Zentrum der politischen und militärischen Macht – zum Ausgangspunkt und Zufluchtsort für die Rebellen aller Zeiten, von den schwarzen Sklaven, die von den Plantagen zu den Aufständischen flohen, bis zu den *barbudos* von Fidel und Che Guevara, die hier den revolutionären Guerillakrieg begannen. Neben dem Pico Turquino sind noch verschiedene Gipfel der Gebirgskette über 1.700 bis 1.800 Meter hoch. Heute wird diese Gegend durch einen der drei Nationalparks der Sierra Maestra geschützt.

Im Süden Santiagos führt eine Straße auf einem kleineren Gebirgszug bis zum Gran Piedra, einem 51 Meter langen und 25 Meter hohen Felsblock, der sich auf einem 1.200 Meter hohen Gipfel erhebt. Vom Gipfel des Felsen hat man einen herrlichen Blick, der an klaren Tagen bis an die Küsten Haitis und Jamaikas schweifen kann. Nicht weit vom Gran Piedra trifft man auf die Überreste zahlreicher *cafetales* (Kaffeeplantagen): Bevor diese verlassen wurden, blühte der Kaffeeanbau in Kuba vor allem im Osten, als die Franzosen vor dem Sklavenaufstand in Haiti im 18. Jahrhundert geflohen waren.

Im Osten der Sierra Maestra ist Kuba, mit Ausnahme einer kleinen Ebene bei Guantanamo, von einer bergigen Region mit verschiedenen Gebirgsketten bedeckt: Die Sierra de Cristal, la Cuchillas del Moa und del Toa, die Sierra del Purial und noch andere. Die höchsten Gipfel erreichen hier 1.200 Meter Höhe (Pico de Cristal) und werden durch tiefe Täler getrennt, die zahlreiche Flussläufe, die in den Atlantik fließen, in die Landschaft gruben. Auch diese Gegend ist zum Großteil unverschmutzt und zeichnet sich durch eine hohe Biovielfalt

84 Einst war das Tal von Viñales in der Provinz Pinar del Río ein riesiges Grottenareal. Nachdem die Gewölbe eingestürzt waren, blieben nur die Stützpfeiler übrig, die heute die runden, *mogotes* genannten Anhöhen bilden.

85 UNTEN Ein eindrucksvoller, geografisch bizarrer *mogote* erhebt sich einsam im Tal von Viñales. Diese zauberhafte Gegend liegt in der Sierra de los Organos, nahe dem äussersten Westen Kubas.

86 **LINKS** Die Sierra del Escambray ist ein irdisches Paradies klarer Gewässer.

86 **MITTE** Große Palmenblätter in der verflochtenen Vegetation einer der wenigen, nicht landwirtschaftlich genutzten Flächen in der Provinz Matanzas.

PALMEN UND ZUCKERROHR

86 **RECHTS** Der Park von Río Melodioso in der Provinz Sancti Spiritus drückt mit seinem Namen den ganzen Zauber der Gegend aus.

87 **LINKS** Die Stadt Trinidad, heute Welterbe, erhielt sich ihren Kolonialstil.

und zahlreiche endemische Pflanzen- und Tierarten aus, darunter Falter, Vögel, Kolibris und der *almiquí*, ein Insektenfresser, welcher der Spitzmaus ähnelt – eines der kleinsten lebenden Säugetiere. Hier führt die „La Farola“ genannte Straße, welche die Karibikküste (von Guantanamo) mit der Atlantikküste verbindet, durch die Berge und bietet herrliche Panoramen und idyllische Tropenlandschaften, vor allem wenn man nach Baracoa hinunterfährt.

Santiago de Cuba ist ein Sinnbild für die Antillenkultur, und die Gegend von Baracoa eines der besten für die Antillennatur. Hier, wo die Passatwinde ergiebige Regenfälle bringen und die Vegetation üppiger als andernorts gedeiht, pflanzt man noch Kakao und Kaffee an. Das beeindruckendste aber sind die Palmenwälder, welche die Landschaft bis zum Horizont bedecken. Befährt man den Toa, den Moa und den Yumurí (die Flüsse, die heute noch die ursprünglichen Namen tragen und in welchen man ohne Angst baden kann) mit dem Schiff, kommt man in eine Welt mit winzigen, weltfremden Dörfern. Die lange Zeit von der bewegenden Geografie isolierte, kleine Ebene von Baracoa wird von der Silhouette des Yunque („Amboss“) beherrscht, einer hohen Anhöhe mit plattem Gipfel, die an den Tafelberg in Kapstadt erinnert und in dem großen, nach Alexander von Humboldt benannten Nationalpark liegt.

Die Berge an der Nordküste besitzen Kobalt-, Chrom- und zum Teil Nickelvorkommen. Nickel gehört zu den wesentlichen Exportgütern Kubas. Seine Schlacke färbt die Landschaft in der Umgebung der Raffinerien von Moa und Nicaro rotbraun.

In der Inselmitte, in der Provinz Sancti Spiritus, erlangte die Sierra del Escambray zu Beginn der Sechzigerjahre Berühmtheit, als sie Stützpunkt der Konterrevolutionäre wurde, die wenig vorher bei der Landung in der Schweinebucht eine Niederlage erlitten hatten. Der Escambray beherrscht die Ebene von Trinidad, die vor dem Hintergrund der Karibik herrlich grün und leuchtend erscheint. Am Morgen ist dieses Meer dunkelblau, bei Sonnenuntergang glänzt es golden. Der Escambray ist ein bescheidenes Gebirge (nicht über 1.000 Meter Höhe), aber in dieser Weite und mit dem gesunden Wald ist die Ebene für Klimaveränderungen empfänglich, weshalb hier heute verschiedene Heilstätten angesiedelt sind. Ein Reservat schützt unter anderem über 100 endemische Pflanzenarten, Vögel und kleine Säugetiere.

Die dritte Bergregion der Insel liegt in der westlichen Provinz Pinar del Río, in der sich von Ost nach West die Sierra de Guaniguanico erstreckt. Diese Gebirgskette ist in zwei Teile unterteilt: die Sierra del Rosario im Osten und die Sierra de los Organos im Westen.

An den Hügeln der Sierra del Rosario, die 1985 von der Unesco zum Biosphärenreservat erklärt wurde, ermöglichen ergiebige Regenfälle (2.000 Millimeter jährlich, 89 Prozent Luftfeuchtigkeit, 24,7° C) die Entstehung eines dichten, halbtropischen Waldes. Die von Ost nach West circa 20 Kilometer lange Sierra del Rosario ist das Gegenteil eines imposanten Gebirges: Ihr höchster Punkt ist keine 700 Meter hoch, was jedoch nicht verhinderte, dass hier die russischen Missiles stationiert wurden, die im Oktober 1962 die USA terrorisierten und den Zorn Kennedys beschworen.

87 MITTE Dank des sandigen Bodens und der Feuchtigkeit gedeiht in der Gegend von Vuelta Abajo der beste Tabak Kubas.

87 RECHTS Die spärliche Vegetation im Norden Kubas ist typisch für die *tierras calientes*, das heisst für die Regionen unterhalb 1.000 Meter Höhe.

Auch die Sierra de los Organos ist nicht sehr hoch (nicht über 1.000 Meter) und wie in der Sierra del Rosario gibt es hier eine subtropische Natur mit vielen Wasserläufen und Kaskaden, die dem außergewöhnlichen Tal von Viñales, 30 Kilometer nördlich von Pinar del Río, besondere Formen gaben. Das Tal von Viñales, das auch Reservat ist, ist eine 130 Quadratkilometer große Karstebene, die von vielen Anhöhen in „Zuckerhutform" (*mogotes*) von wenigen hundert Metern Höhe dominiert wird, mit einer Vegetation, die tropisch grünt und von Feldern, Palmenwäldern, kleinen Sümpfen und verstreuten Hütten übersät ist. In den Wintermonaten erscheinen die Gipfel der *mogotes* im Morgengrauen oft wie Inseln in einem weißen Dunstmeer: Das erste Tageslicht erhellt eine unwirkliche Natur, in der Nebelschwaden wabern, die, wenn sie sich heben, die Einzelheiten der Landschaft so langsam wie in der Szene eines Thrillers enthüllen.

Noch in der Provinz Pinar del Río liegt die kleine Region Vuelta Abajo, einer der Schätze Kubas, weil hier – dank eines besonders günstigen Mikroklimas, eines reichen Erdbodens und der jahrhundertelangen Erfahrung der örtlichen *campesinos* – der hochwertigste Tabak der Welt gedeiht. Die Ebene ist monoton. Die Tabakfelder, die sich um die für die Trocknung bestimmten, großen Hütten erstrecken, wechseln sich mit kleinen, wenig attraktiven Bauernhöfen ab. Von den Feldern in der Umgebung der beiden Dörfer San Luís und San Juan y Martínez stammt ein Großteil des *tabaco da capa*, der hochwertigste, dessen duftende, vollendete Blätter die Zigarre einhüllen und ihr das unverwechselbare Aussehen geben, das alle kennen.

Von Vuelta Abajo und den äußersten Ausläufern der Sierra de los Organos bis fast ans andere Ende der Insel, zum Delta des Río Cauto, erstreckt sich eine weite, hügelige Ebene, die von den Silhouetten der riesigen Palmen übersät ist. Zwischen Ost und West liegen circa 700 Kilometer Landschaft, die nur hier und da spontane und etwas urwüchsigere Anblicke bietet, denn diese Ebene, vor allem zwischen Matanzas und Holguín, ist das Reich des Zuckerrohrs, mit großen *centrales azucareras* und riesigen Monokulturen, die heute, nach mehreren Jahrhunderten der Ausbeutung, nur schwer anderweitig genutzt werden können. Man muss nur bedenken, dass in zehn von 13 Provinzen (Ausnahmen sind Pinar del Río, Bayamo und Guantanamo) das Zuckerrohr fast 40 Prozent der landwirtschaftlichen Fläche einnimmt; in fünf Provinzen sogar über die Hälfte.

Im Übrigen ist es nicht nur der suggestive Geruch, der den Fremden ergreift. Es genügt, ein Glas Rum zu trinken, um zu begreifen, dass es der durchdringende Duft des auf den Plantagen ausgepressten Zuckerrohrs ist, der die Nase reizt. Die Melasse kann man zwar nicht in Souvenirläden kaufen, aber sie ist das verbreitetste Produkt der Insel.

Das faszinierende Valle de los Ingenios bei Trinidad ist ein besonders anschauliches Beispiel für die landschaftliche Veränderung, die das Zuckerrohr mit sich bringt. Auf einer relativ kleinen Fläche (weniger als ein Dutzend Quadratkilometer) kann man zwischen den Plantagen die Überreste von circa 100 *ingenios azucareros* (Zuckerrohrmühlen) sehen, die heute verlassen sind.

Das Zuckerrohr kam im 16. Jahrhundert von den Kanaren oder vielleicht aus dem südlichen Pazifik nach Kuba und „besiedelte" die Insel, während es Palmen hier seit ewigen Zeiten gibt: 100 Arten, davon 80 endemische – hohe, niedrige, schlanke und dicke – sind allgegenwärtig.

Eine wichtige Ausnahme im landwirtschaftlichen Bild ist die Gegend um Camagüey, wo die Carretera Central die bedeutendste Viehzucht der Insel ist. Sie ist in puncto Nahrungsmittel absolut unabhängig.

Überall überwiegen landwirtschaftliche Flächen, Plantagen oder Familienbetriebe, übersät mit sonnigen Städtchen oder kleinen Dörfern, die von Bananenstauden, Mango- oder Papayabäumen umgeben sind. Die ländliche Atmosphäre wird nur hier und da von den Hauptstraßen unterbrochen, die Städte und Tourismuszentren verbinden und nach der Wirtschafts- (und Energie-)krise der Neunzigerjahre wieder von LKW, Waren- und Personenkarren, Bussen, Autos jeden Typs und jeder Epoche, Fahrrädern, Fußgängern und reitenden Bauern benutzt werden.

88 OBEN Das Klima, das die Felder und Obstgärten an den Hängen des Tals von Viñeta gedeihen lässt, sorgt auch für eine bezüglich Alter und Ausmaß eindrucksvolle natürliche Vegetation.

88 UNTEN Das Valle de los Ingenios verdankt seinen Namen den Zuckerfabriken, *ingenios*, die hier bis ins 19. Jahrhundert in grosser Zahl zu finden waren.

88–89 Die Unabhängigkeitskriege führten zum Ruin der Zuckerfabriken im Valle de los Ingenios, wo man heute noch die Überreste von etwa einem Dutzend Fabriken besichtigen kann.

90–91 El mural de la prehistoria in der Provinz Pinar del Río ist eine kuriose Evolutionschronik aus sozialistischer Sicht.

92–93 Das subtropische Klima Kubas begünstigt die Unterschiedlichkeit der Flora. Auf die tropischen Wälder in niedrigen Lagen (hier die Vegetation in mittleren Lagen der Provinz Sancti Spiritus) folgen zwischen 500 und 1.500 Metern Höhe Regenwälder, aber es gibt auch ausgedehnte Nadelwälder.

93 Klare Wasserflächen und viele Flüsse schaffen eine Landschaft von fast traumhafter Schönheit, charakteristisch für die Sierra del Escambray. Hier gedeiht eine üppige, vielfältige Vegetation, die 4.000 endemische Arten, aber auch importierte Pflanzen umfasst. Das reichliche Wasser und ein Pflanzenerbe, das von der Regierung immer umfangreicher geschützt wird, tragen dazu bei, dass Kuba reich an Naturschätzen ist.

94 OBEN UND 95 In Kuba hat die Natur viele Formen – bescheiden oder üppig, manchmal verborgen, aber immer von geheimnisvollem Charme.

94 UNTEN Von Schildkröten bis zu Leguanen sind die Reptilien zweifelsohne die Protagonisten der kubanischen Fauna. Es gibt hier auch Krokodile, die dank eines kontrollierten Zuchtprogrammes in Ciénaga de Zapata (Pinar del Río) vor dem Aussterben bewahrt wurden.

96–97 Die knorrige Silhouette eines beeindruckenden Baumes beherrscht die goldene Abenddämmerung in der Provinz Villa Clara.

97 Der faszinierende Abendhimmel unterstreicht die schlanke Form der Palmen, Symbol der Kraft und Emblem der Isla Grande.

99 OBEN LINKS UND UNTEN Cayo Coco ist ein Füllhorn der Natur: Sonne, laues und klares Meer und eine farbenprächtige Unterwasserwelt.

99 OBEN RECHTS Die Sonne taucht das Meer vor Cayo Guillermo im Nordwesten von Cayo Coco in warme Goldtöne.

AN DEN GRENZEN DES PARADIESES

Die Küstenkilometer der Isla Grande teilen sich auf in lange Strände, sumpfige Küstenstriche und brackige Lagunen. Die hohen Küstenstriche beschränken sich auf die Küste von Baracoa, am Fuß der Sierra Maestra, oder auf die Halbinsel Guanahabibes im äußersten Westen.

Die breitesten Strände liegen im Norden, am Golf von Mexiko oder, geschützt von den *cayos* und einem fast 400 Kilometer langen Korallenriff, am Kanal der Bahamas.

Die Strände der *cayos* sind auf langen Strecken von Mangrovenwäldern unterbrochen, die ihre Wurzeln ins Salzwasser graben und weite Küstenstriche unzugänglich machen. Die flachen *cayos* liegen innerhalb des Riffs, wo das Meer normalerweise ruhig und sicher ist.

Die Havanna am nächsten gelegenen Strände sind die Playas del Este, die sich im Sommer mit nach Erfrischung lechzenden Habaneros füllen.

Circa 100 Kilometer östlich liegt die Halbinsel Hicacos, ein schmaler Landstrich, der sich von der Küste zwischen dem Golf von Mexiko und dem Kanal der Bahamas ins Meer hineinschiebt. Hier entstand Varadero, der berühmteste Badeort Kubas, seit Señor Dupont hier eine tropische Villa erbaute, die er Xanadù taufte. Die Nordküste der Halbinsel Hicacos bietet einen endlosen Strand, und diesem Strand verdankt Varadero seinen Ruhm: Der sehr feine, rote, koralline Sand führt in ein Meer, das unglaublich klar und das ganze Jahr über lauwarm ist.

Östlich von Varadero, nicht weit von der Küste entfernt, erstreckt sich der Archipel Sabana-Camagüey, über 300 Kilometer unterschiedlich große *cayos*, geschützt durch ein an Pflanzen und Tieren reiches Riff mit nur wenigen schiffbaren Durchlässen. Die größtenteils unbewohnten *cayos* sind das Reich der Leguane, der Krebse und, in der feuchten Jahreszeit, der Stechmücken. Einige *cayos*, wie Cayo Santa María vor Caibarién, Cayo Coco und Cayo Guillermo, werden gerade Tourismuszentren. Letztere, die heute zu den wichtigsten Badeorten Kubas gehören, erreicht man von der Küste von Morón aus über einen künstlichen Erdwall, der durch eine Lagune mit Flamingokolonien führt. Cayo Coco ist eine der größten *cayos* des Archipels, bewachsen mit Niederwald und reichlich Süßwasservorkommen.

98 Die Südküste von Cayo Coco, wo keine Touristenpaläste stehen, wird von Mangrovenwäldern eingehüllt. Hier lebt eine artenreiche Tierwelt, von seltenen Seekühen bis hin zu lästigen Stechmücken.

99 UNTEN Im Landesinneren von Playa Juragua nahe Santiago de Cuba verdichten sich die Gewitterwolken. Die Sierra Maestra ist nicht weit entfernt.

100 LINKS Cayo Largo, östlich der Isla de la Juventud, ist eines der beliebtesten Ziele von Tauchern.

100 MITTE Die wunderschöne Halbinsel Ancón südlich von Trinidad schiebt sich vier Kilometer in die Karibik hinein.

100 RECHTS An der Atlantikküste der grossen Cayo Coco gibt es neun Strände.

AN DEN GRENZEN DES PARADIESES

Zwischen Cayo Guillermo und Cayo Santa María erstreckt sich der gleichnamige Nationalpark, der Flora und Fauna der *cayos* und des Meeres schützt, darunter eine große Kolonie *manatí* (Seekühe).

Auch Cayo Romano, die größte *cayo* des Archipels, ist durch einen Erdwall mit der Küste verbunden. Hier leben Wildtiere (Pferde und Zebus), deren Abstammung mit dem Schiffbruch einer spanischen Galeere zusammenhängt, die sie nach Kuba bringen sollte. Cayo Sabinal, die östlichste *cayo* des Archipels Camagüey, besitzt viele Strände, die sich mit Mangrovenwäldern abwechseln. Wie Cayo Romano ist sie unbewohnt und urwüchsig, aber das vorhandene Süßwasser ermöglicht das Wachstum hoher Bäume. Hier ist es ein Leichtes, Gazellen und Antilopen anzutreffen.

Ein sehr schmaler Meeresarm trennt Cayo Sabinal von Playa Santa Lucia an der Nordküste der Provinz Camagüey: 20 Kilometer fast gerade verlaufender, sehr breiter Strand, den das nahe Korallenriff schützt.

Weitere Strände führen nach Guardalavaca in der Provinz Holguín. Den lokalen Strand, der sich sanft in die Bucht schmiegt, charakterisiert ein breiter Vegetationsstreifen aus *uva caleta*-Bäumen.

Dies ist die Küste, die Kolumbus und seine Matrosen im Oktober 1492 erblickten: Cayo Bariay, der Platz der ersten Landung, liegt circa 20 Kilometer von Guardalavaca entfernt.

Im Südosten liegt die Bahía de Nipe, die durch eine etwas spezielle Insel vor dem offenen Meer geschützt wird. Cayo Saetía besteht aus mit Savannen überzogenen Höhen, wodurch sie einigen afrikanischen Landschaften ähnelt. Die Ähnlichkeit fällt besonders auf, wenn man auf Zebras, Büffel, Gazellen und Antilopen trifft, die aus Angola und Moçambique hierher gebracht wurden. Aber es gibt auch viele Pferde und wild lebende Stiere.

In der Region Baracoa fließen die Gewässer aus den *sierras* über die Strände, nicht wie in Varadero oder auf den *cayos*, aber nicht weniger traumhaft. Sie verändern ihre Farben und die Atmosphäre. Hier gibt es kein vorgelagertes Korallenriff, und die Wellen sind einfach Wellen.

Kuba endet mit 27 Korallenterrassen, die bei Punta Maisí im Meer versinken; die höchste bildet praktisch die Küste. Diese außergewöhnliche Gegend wird durch einen kürzlich eingerichteten Park geschützt. Ebenso eindrucksvolle Korallenterrassen findet man in Cabo Cruz, an der Südküste Richtung Manzanillo: Auch hier schützt ein Park die Meeresfauna und den Niederwald an der Küste.

In den Golf von Guacanayabo im Süden von Cabo Cruz mündet der Río Cauto, dessen Trichtermündung eine Sumpfgegend schafft, in der zahlreiche Vögel, Flamingos und Kaimane leben. Von hier bis in den äußersten Westen ist die kubanische Südküste zum Großteil eine Folge aus Wasserlöchern, Lagunen und Küstensümpfen. Die bekanntesten der wenigen Strände in dieser Gegend sind die Strände Trinidads.

Die Sümpfe feiern ihren Triumph im unwirtlichen Ciénaga de Zapata, einer runden Halbinsel südlich von Matanzas, dem Schauplatz der Invasion in der berühmten Bahía de los Cochinos (Schweinebucht). Zwischen dem Niederwald und den Wasserlöchern von Ciénaga, in Guamá, gibt es den größten natürlichen See Kubas und eine große Krokodilzucht – Kinder oder Enkel der Krokodile, die alle Küstensümpfe einst bevölkerten. Neben zahlreichen Reptilarten und *manatí* leben in den Sümpfen Kolonien von Stand- und Zugvögeln, darunter endemische Arten wie ein Zaunkönig mit langem Schwanz und kräftigem Gesang. Es

101 LINKS UND MITTE Eine Hornkoralle in den planktonreichen Gewässern der Umgebung der Isla de la Juventud. Oft wird sie von grossen Schwärmen metallisch glänzender Bastardmakrelen besucht.

101 RECHTS Cayo Coco ist eine sehr einladende Insel mit unterschiedlichsten Einrichtungen, die keine Wünsche offen lassen.

überrascht nicht, dass in diesen Wasserlöchern auch Millionen *mosquitos* Dauergäste sind.

Die regelmäßig vom Hochwasser der Flüsse und der Flut überschwemmten Mangrovenwälder von Ciénaga, die das bedeutendste Feuchtbiotop der Karibik sind, werden durch den größten Nationalpark Kubas (700 Quadratkilometer) geschützt.

Normalerweise sind die *cayos* der Karibik kleiner als die im Norden und weiter von der Küste entfernt. Im Süden reicht die Inselfläche zig Kilometer ins Meer hinein, nur wenige Meter unterhalb der äußerst klaren Wasserfläche. Die *cayos* erheben sich an ihren äußersten Enden, unmittelbar hinter dem Korallenriff, das sie vom offenen Meer trennt.

Hier gibt es zwei große Archipels: die Jardines de la Reina und die Canarreos. Der erste liegt in 30 bis 100 Kilometer Entfernung vor den Küsten von Ciego de Avila und Camagüey. Er besteht aus kleinen und kleinsten *cayos*. Es gibt fast kein Süßwasser und keine menschlichen Bewohner – hier leben nur Leguane, Stechmücken, Fregattvögel und andere Vögel. Man erreicht ihn mit dem Boot von Júcaro aus auf einem wegen Untiefen und Korallenklippen recht schwierigen Weg.

Der Canarreos-Archipel erstreckt sich im Südwesten der Isla Grande. Seine bekannteste Insel ist die Cayo Largo, die in den letzten 20 Jahren ein Muss für Badetouristen der Karibik wurde. Die Canarreos waren bis zur Ankunft der Spanier von eingeborenen Fischern bewohnt. Nachdem diese abgewandert waren, blieben sie vier Jahrhunderte unbewohnt, bis dann die Touristen kamen. Wie in den anderen Archipels sammeln sich auch hier viele Langusten und Krebse, aber in Canarreos gibt es auch die meisten Schwämme, die in alle Welt exportiert werden. Das Meer ist wunderbar, und morgens kann man in Cayo Largo neben Rochen schwimmen, die wenige Meter vom Ufer entfernt durch das niedrige Wasser „fliegen". Die bekanntesten Tauchzentren jedoch findet man in Cabo Francés, einer Halbinsel an der Westküste der Isla de la Juventud. Die Südseite endet an einer steilen Böschung mit Unterwasserstufen, die reich an Korallen und von Carangiden und Barracudas bevölkert sind. Die leichte Strömung hält das Wasser sauber und planktonreich, so dass das Licht in die Tiefe dringen kann. Wegen der Transparenz, der herrlichen Flora und Fauna, der thermischen Konstanz und der Farbenpracht sprechen Experten von dieser Region als von einem Heiligtum.

Die Isla de la Juventud, die zweitgrößte des kubanischen Archipels, liegt neben Canarreos. Einst hieß sie Isla de Pinos, aber die spanische Flotte und vor allem die Piraten, die hier ihren wichtigsten Schlupfwinkel hatten, holzten die Wälder ab. Heute ist die Insel ein internationales Schulzentrum und es lebt hier eine heterogene Gemeinschaft von Jugendlichen aus vielen Ländern der Dritten Welt.

Auf der anderen Seite der Canarreos trifft man auf die Nordküste der Provinz Pinar del Río mit ihren vorgelagerten winzigen Coloradosinseln. Jenseits davon, so nah, dass man ihn schwimmend erreichen kann, fließt der Golfstrom.

Die Karibik und der Golf von Mexiko werden auf der einen Seite durch Yucatán und im Osten durch die kubanische Halbinsel Guanahacabibes voneinander getrennt.

Die Region Guanahacabibes besitzt keine Straßen. Sie ist für die Landwirtschaft ungeeignet. Im Meer finden sich zahlreiche Wracks. Nachdem Eingeborene und Piraten verschwunden waren, ist die Gegend heute fast unbewohnt. Der urwüchsigste Teil dieser Region ist die schmale, gleichnamige, Richtung Mexiko vorgelagerte Halbinsel. Eine 55 Kilometer lange Straße durchquert sie bis nach Cabo San Antonio, den äußersten westlichen Ausläufer Kubas. Die seit den Sechzigerjahren als Schutzgebiet ausgewiesene Region wurde 1985 von der Unesco zum Biosphärenreservat erklärt. Sie umfasst über 500 Quadratkilometer niederen Urwald, wo in den dichten Mangrovenwäldern der Nordküste kleine Säugetiere, Vögel und Reptilien leben, einschließlich Kaimane. Die herrliche Südküste ist überwiegend felsig, mit steilen Klippen, die kleine Strände trennen. Hier regnet es wenig, und die Sonne scheint noch heißer zu sein. Deshalb denkt heute mancher an den Bau eines gigantischen Hotels… Gebe es Gott, dass der Geist des Piraten Morgan, der oft von hier aus in See stach, Guanahacabibes schütze.

102–103 Der grenzenlose Horizont der Playas del Este lässt nicht vermuten, dass das laute Leben Havannas nur einen Steinwurf entfernt ist.

103 RECHTS In María la Gorda im äussersten Westen Kubas steht eine einsame Palme dort am Meer, dort, wo Karibik und die Wasser des Golfs von Mexiko zusammenfliessen.

104–105 Der Sand der Playa Paredón in Cayo Coco ist wie Samt und spiegelt das warme Licht des Sonnenuntergangs wider.

106 UND 107 Die Farben der Strände, das überraschende Türkis des Meeres, der blendend weisse Sand und der tiefblaue Himmel sind die Kulisse dieser aussergewöhnlichen, faszinierenden kubanischen Küsten.

108 UND 109 Der Name Cayo Largo kann täuschen, denn in Wirklichkeit ist es nur eine circa 25 Kilometer lange und niemals über zwei Kilometer breite Landzunge.

110 Die sanfte Wölbung der völlig unbewohnten Cayo Paredón Grande bietet beste Gelegenheiten für *Birdwatcher* und alle Liebhaber einer intakten Natur.

111 Die undurchdringlichen Mangrovensümpfe der *cayos* bieten seltenen Tieren Zuflucht, darunter Seekühen, die nur noch an zwei Orten der Welt ihren Lebensraum haben.

112 UND 113 Die Schönheit des Gewitterhimmels konkurriert mit der Schönheit des endlosen Meeres. Die Lichtreflexe des Wassers werden hier noch hervorgehoben, wie die beiden Ansichten von Cayo Largo (links und unten rechts) und der Leguaninsel in der Karibik (oben rechts) beweisen.

114 OBEN Ein grosser Gelbflossen-Strassenkehrer schwimmt friedlich neben einem Taucher. Diese Fische mit ihren grellen Farben kommen besonders nachts einzeln oder in kleinen Schwärmen in die Nähe des Riffs.

114 UNTEN Kolonien schwarzer Korallen, die es überall in der Karibik gibt, bilden den Hintergrund für eine Hirnkoralle. Die Gewässer zwischen Florida und Kuba einzigen tropischen Gewässer, wo man die Hirnkoralle antreffen kann.

115 Ein Schwarm Süsslippen (die häufig in Korallennähe lebenden Schwärme können aus tausenden Tieren bestehen!) sucht zwischen den Gorgonien nach Nahrung.

116 Obwohl der Graue Engel sein Leben allein oder paarweise lebt, gehört er zu den weniger scheuen Besuchern der Korallenriffs.

117 OBEN Haie gehören zweifellos zu den interessantesten und faszinierendsten Kreaturen der kubanischen Gewässer. Sie sind zwar gefürchtete Beutejäger, aber sie nähern sich nur selten den Tauchern.

117 UNTEN Ein bedrohlicher, einsamer Barracuda wartet im Dunkel auf Beute. Der ziemlich beunruhigend aussehende Barracuda entpuppt sich gegenüber Tauchern als neugieriger Begleiter.

118 Dieser herrliche Meeresbewohner, der noch tiefer blau ist als das ihn umspülende Meer, taucht in eine Säulenkoralle ein.

118–119 Die vielen Fächergorgonien verlieren sich in der Tiefe des Meeresgrundes. Das Überleben eines solchen Waldes, in dem tausende Leben pulsieren, ist eng mit dem empfindlichen Biogleichgewicht verbunden. Schon wenige Grad Temperaturschwankung können diese Welt zu einer leblosen Wasserwüste machen.

DIE FARBEN DER STÄDTE

120 (Von links oben im Uhrzeigersinn) Das Che Guevara-Denkmal in Santa Clara. Das eklektizistische Bacardí-Gebäude in Havanna. Farbigkeit und mechanische Nostalgie: Motorräder in Pinas del Río. Der Glockenturm des Heiligen Franz beherrscht Trinidad, ein Weltkulturerbe.

121 Die 1922 vollendete Nuestra Señora de la Asunción in Santiago de Cuba steht an der Stelle, wo 1520 die erste Kathedrale der Insel erbaut worden war.

122 Dank jüngster Restaurierungen erstrahlen viele kubanische Strassen und Plätze wieder in den lebhaften Farben der Architektur aus der Kolonialzeit, wie diese Gebäude an der Plaza Mayor in Trinidad (links), der Parque Vidál in Santa Clara (Mitte) und die Calzada de Infanta in Havanna.

123 OBEN Die Mächtigkeit des Kapitols in Havanna bildet einen Kontrast zu den umliegenden Gebäuden.

123 UNTEN Das Teatro la Caridad am Parque Vidál im Herzen von Santa Clara ist das auffälligste Gebäude der Stadt. Hier sang Enrico Caruso.

DIE FARBEN DER STÄDTE

Die Republik Kuba besteht aus über 157 kleinen und mittleren Städten mit Einwohnerzahlen zwischen circa 5.000 und 500.000. Diese Städte liegen in sehr unterschiedlichen Umgebungen, welche die drei großen geografischen Regionen – Westen, Mitte und Osten – historisch prägten. Seit 1976 gibt es drei Provinzhauptstädte, die durchschnittlich über 100.000 Einwohner haben.

Der kubanische Archipel ist 110.922 Quadratkilometer groß und besteht aus zwei Inseln: Kuba, die größte (105.007 km²) und die Isla de la Juventud (2.200 km²). Darüber hinaus sind sowohl der Nordals auch der Südküste viele *cayos* (Korallenatolle) und Inselchen vorgelagert, insgesamt 4.195, mit einer Oberfläche von 3.715 Quadratkilometern. Wegen ihrer Naturschönheit, der naturgegebenen Abgeschiedenheit und der erhaltenen ursprünglichen Flora und Fauna

sind einige dieser Inseln bei Touristen sehr beliebt. Außerdem gelten sie auch als Biosphärenreservate und geeignete Orte für wissenschaftliche Forschungen. Trotz der geringen Fläche konnte Kuba dank seiner vorteilhaften geografischen Lage sehr schnell eine eigene kulturelle Identität entwickeln, die auf einer überwiegend landwirtschaftlichen Wirtschaft basiert und sich auch heute noch weiter entwickelt. Dadurch konnten auch Handelsbeziehungen aufgebaut werden, die bis in die entferntesten Regionen unseres Planeten reichen. Kuba und seine Inseln erstrecken sich von West nach Ost, zwischen dem Golf von Mexiko und der Karibik, und schließen somit den Kreis der Antillen. Diese Bedingungen machen Kuba auch problemlos erreichbar. Über die Nordküste, mit ihren wunderschönen Buchten und malerischen Häfen, auf den Atlantikrouten, und über direkte Routen zu den Hafenstädten der Südküste und von den USA aus an die Ostküste Kubas und auch in die Städte an der Ostküste der Republik Mexiko. Die Häfen Santiago de Cuba, Manzanillo, Carilola und Cienfuego, die bedeutendsten der Südküste, werden seit fünf Jahrhunderten für die Schiffsverbindungen in die angrenzenden Länder der Karibik genutzt und seit Beginn des 20. Jahrhunderts auch für Reisen durch den Panamakanal in den Pazifik. Auf Kuba lebt der Großteil der Bevölkerung, circa elf Millionen Menschen. Es ist lang und schmal: Die Längsachse ist vom äußersten Westen, Cabo de San Antonio, bis zum äußersten Osten, Punta de Quemado in der Gemeinde Maisí, 1.250 Kilometer lang. Die größte Breite von Nord nach Süd beträgt 191 Kilometer, vom Strand Tasaracos im Norden der Provinz Camagüey bis zur Spitze Camarón Grande in der Provinz Granma, die beide im Osten liegen. Ausgenommen Havanna ist die städtische Bevölkerung relativ gleichmäßig auf das Land verteilt (über 60 Prozent des Territoriums), unabhängig von der Größe, dem Wert und der speziellen Funktion einer jeden Stadt. Havanna ist sowohl Hauptstadt der Republik als auch Hauptstadt der Provinz Havanna. Hier leben 2.000.000 Menschen und – bedingt durch die begrenzte Fläche (749 km²) ist dies auch die am dichtesten besiedelte Gegend des Landes. Havanna ist die einzige Metropole unter den mittleren und kleinen Städten, aus denen Kuba besteht.

HOTEL
INGLATERRA

124 LINKS Santiago de Cuba, eine Stadt mit grossem historischem und politischem Gewicht, ist das Zentrum der Rumproduktion. Hier ist die Fabrik Don Martín Cado abgebildet.

124 RECHTS In Placetas wie überall in Kuba gesellt sich zur Schönheit der Kolonialarchitektur die Liebe zu Oldtimern, *los autos*.

DIE FARBEN DER STÄDTE

124 MITTE Camagüey bewahrte sich die ästhetischen Merkmale einer Kolonialstadt und besitzt auch eine der wichtigsten Universitäten Kubas.

125 LINKS Den Malecón, die grosse Strandpromenade Havannas, begrenzen an beiden Enden zwei spanische Festungen.

In den Neunzigerjahren des 20. Jahrhunderts wurde die Einwohnerzahl der Hauptstadt gesetzlich kontrolliert und reguliert. In dieser Zeit nahm auch das Migrationsphänomen zu. In den nächsten zehn Jahren, so wurde es festgesetzt, sollte die Einwohnerzahl Havannas nicht über 3.000.000 steigen. Man hofft, so zur Lebensqualität beizutragen, die vielen Städte wiederzubeleben und zu erhalten, Infrastrukturen und Dienstleistungen aller Art zu verbessern und nationale und ausländische Touristen mit optimalem Komfort und besten Sicherheitsbedingungen willkommen zu heißen.

Die Hauptstädte der übrige kubanischen Provinzen (zu welchen man auch den speziellen, von der Zentralregierung verwalteten Distrikt der Isla de la Juventud zählen muss) erlebten in den letzten Jahren einen Bevölkerungsanstieg und einen wirtschaftlichen und sozialen Aufschwung. Jede bietet viele spezifische Attraktionen, die aus der historischen und kulturellen Identität der einzelnen Ortschaften resultieren. Man trug der Zeit, in welchen diese Städte gegründet wurden, Rechnung, den geografischen Gegebenheiten, den wesentlichen wirtschaftlichen und städtischen Aktivitäten, der Einwanderung, der Vermischung mit der ursprünglichen Bevölkerung, den Beziehungen mit anderen Inselregionen und dem Festland Amerikas und Transportbedingungen jeder Art. In Zukunft wird sich das Bild vom wirtschaftlichen, sozialen und kulturellen Potenzial, das man heute von diesem Land hat, grundlegend verändern.

Die kubanische Stadtgeschichte beginnt im 16. Jahrhundert, als die aus Europa stammenden *conquistadores* mit Diego Velázquez de Cuéllar an der Spitze die ersten Städte erbauten – Städte und Dörfer, die von Spaniern und Indios bewohnt wurden. In der Kultur der Ureinwohner gab es keine komplexe soziale Struktur, die Städte notwendig gemacht hätte. Obwohl bereits im 5. Jahrtausend v. Chr. Menschen auf Kuba lebten und die von den *Arawak* abstammenden Menschen, die aus Südamerika gekommen waren, ständig wanderten und große Teile im Osten und in der Mitte der Insel besiedelten und sich eine gewisse territoriale Organisation nach Vorgabe der *cacicazgos* bis in den Westen ausbreitete, kam man doch nie über das neolithische Dorf hinaus.

Die Städte und Ansiedlungen, die von den Spaniern initiiert wurden, folgten dem Städtebausystem, das man in Spanien zwischen dem Ende des Mittelalters und dem Anfang der Renaissance kannte und anwandte. Folglich dominierte die achteckige Stadtplanung, fast immer mit unregelmäßigen Grenzen, mit einem Waffenplatz, der ab dem 17. Jahrhundert dem neuen Konzept der „plaza mayor" wich, die mehr den Aktivitäten der Zivilbevölkerung entsprach, und – je nach militärischer und wirtschaftlicher Bedeutung der Stadt – mit mehr oder weniger starken Stadtmauern. Die Wasser- und Lebensmittelversorgung wurde abhängig von den besonderen Gegebenheiten der neuen Stadt und ihrer Lage vom spanischen Königreich aufgebaut. Was in einer hispano-amerikanischen Stadt nicht fehlen durfte, war die Anwesenheit der katholischen Kirche in Form von Pfarreien unterschiedlicher hierarchischer Ordnung, Eremitagen und das Allerheiligste, wodurch sich Siedlung, Stadt, Land

125 RECHTS Allgegenwärtige Helden: Cienfuegos lächelt an der Seite von Che Guevara von einem *mural* in Santiago.

126–127 Dieser farbenfrohe Laubengang, ein schönes Erbstück aus der Kolonialzeit, ziert eine Strasse in Cabaiguán in der Provinz Sancti Spiritus.

und *ayuntamiento* (Gemeinde), die von den Ortsansässigen, die definitiv ihr Haus an diesem Ort gebaut hatten, geleitet wurde, unterschieden. So sicherte man sich die politische Bindung an die Zentralregierung der spanischen Monarchie, an die Verteidigungseinrichtungen und somit die wirtschaftliche, soziale und kulturelle Entwicklung des Reiches zu.

Die ersten spanischen Siedlungen in Kuba entstanden zwischen 1511 und 1518. Sie lagen wahrscheinlich aus drei Gründen vor allem im Osten und in der Mitte der Insel: Hier lebten die meisten Ureinwohner, hier gab es eine gewisse Menge an wertvollen Mineralien, und es war nicht weit nach *La Española* (Haiti – Santo Domingo), dem Hauptquartier der damaligen Eroberer und Kolonisatoren.

Im weiten Westen, wo heute die Provinzen Pinar del Río, Havanna-Stadt, Havanna und Matanzas liegen, entstanden nur wenige Städte, darunter San Cristóbal de la Habana, deren Standort zwischen 1514 und 1519 verlegt wurde (wie auch der weiterer Städte), bis sie in einer herrlichen Bucht wieder aufgebaut wurde. Die Spanier nannten sie ursprünglich *Carenas*, doch bald darauf wurde sie Porto de Habana getauft. Auf königlichen Befehl entstand im Südosten dieser Anlegestelle ein Indiodorf: Guanabacoa.

Die Ankunft der spanischen *conquistadores* auf dem Kontinent und die Bekanntschaft mit neuen, ziemlich hoch entwickelten Kulturen, die große Reichtümer an Edelmetall besaßen, brachte erneut das Schicksal Kubas durcheinander. Die Kleinstadt San Cristóbal de la Habana, die von den anderen hispanischen Siedlungen praktisch isoliert war, wurde schnell (1540) zu einem strategischen Hafen für den Schutz und die Versorgung der Goldflotte, auch weil es für die kolonialen Güter nötig wurde. Die Goldflotte brachte jährlich die riesigen Schätze aus den von den europäischen Eroberern und Kolonisatoren ausgeraubten Minen nach Sevilla. Jetzt wurde Havanna zu einem wichtigen Militärstandort, politisches, militärisches und administratives Zentrum der Generalküstenwache Kubas, aber auch die Stadt, die in der Hierarchie des Handels, der Produktion und der Dienstleistungen am bedeutendsten war und in der Karibik und im Golf von Mexiko besser verteidigt werden konnte. Sie orientierte sich an den Bedürfnissen des monopolistischen Handels zwischen den Imperien.

Dadurch veränderte sich die Wirtschaft der Insel sehr schnell, auch wegen der Einführung von Viehzucht (Schweine, Rinder, Pferde). Die Eingeborenen wurden immer weniger, weil sie von der Eroberung und der eigenen Anpassungsschwierigkeit an die von den Kolonisatoren aufgezwungene, neue Ordnung traumatisiert waren. Die nötigen Arbeitskräfte beschaffte man sich dann ab der ersten Hälfte des 16. Jahrhunderts durch afrikanische, schwarze Sklaven und *guanches*, die man zwangsweise von den Kanaren auf den Neuen Kontinent umsiedelte.

Das Stadtleben erreichte, gemäß dem im europäischen Westen bereits herrschenden Renaissancemodell, auch die ländlichen Gegenden. Für Kuba war dies bezüglich der Kultur, die im Laufe der vier Jahrhunderte Kolonialzeit entstand und vorherrschte, von wesentlicher Bedeutung. Die Cáceres-Verordnungen, die ab 1574 erarbeitet wurden und den Gesetzen Indiens entsprachen, diktierten das Leben in den Siedlungen und den Hauptstädten.

1607 wurde die Insel Kuba erstmals in zwei Verwaltungsbezirke, West und Ost, geteilt. Die Grenzen waren ziemlich unscharf. Die Hauptstädte dieser Bezirke wurden San Cristóbal de la Habana und Santiago de Cuba. Die erste territoriale Aufteilung (es gab von Ost nach West sechs Provinzen – Pinar del Río, Havanna, Matanzas, Las Villas, Camagüey und Oriente – und 126 Kommunen) wurde erst sehr viel später, 1878, realisiert. Die neue politisch-administrative Unterteilung, welche die vorherige rückgängig machte und erneuerte, mit deutlichen Vorteilen für die Mitte und den Osten Kubas, fand 1976 unter der Volksregierung statt, und zwar gemäß dem Modell der neuen kubanischen Verfassung.

MERCADO
INDUSTRIAL
La Libertad

DOÑA YULLA
¡ATENCION!
NUEVAS OFERTAS
DOÑA YULLA

128 Entlang dem Paseo de Martí im Zentrum Havannas werden die korinthischen Kapitelle und die überladenen Friese der Kolonialarchitektur glücklicherweise von den lebhaften Farben des Hauptstadtzentrums aufgelockert.

129 oben links Die Gesichter kubanischer Berühmtheiten wie der Schauspielerin Sara Montiel posieren in der Bar des Hotels Nacionál in Havanna Seite an Seite. Das Hotel ist ein Erbe aus der Zeit vor der Revolution.

HAVANNA

DER CHARME DER HAUPTSTADT

Eine lang gestreckte, enge Bucht, militärisch leicht zu schützen, innen so breit wie ein kleines Mittelmeer, ausgestattet um vorbeifahrende Schiffe auszubessern oder neue aus dem Holz der nahen Wälder zu bauen, gegenüber der Meerenge gelegen, die Kuba von Florida trennt, der einzige Weg, um von den Atlantikhäfen auf das Festland des Vizekönigreichs Neuspanien (Mexiko) zu kommen und 1525 eingeweiht: Das waren die exzellenten Voraussetzungen, die zur Entstehung des Hafens von Havanna führten und damit zur Geburt der Kleinstadt San Cristóbal.

Zu Beginn seiner Geschichte waren Havanna und sein Glanz aus dem Meer entstanden, das die Schiffe und die Marine der Goldflotte hierher führte, und natürlich das Geld – oder *situado de México* („Mexikos Rendite") –, das auf königlichen Befehl hin für Bau und Erhaltung der Befestigungsanlagen bestimmt war, und natürlich für den Sold der Soldaten, die diesen strategisch wichtigen Punkt des spanischen Imperiums in Amerika bewachten.

In kürzester Zeit zog die Stadt nicht nur die Aufmerksamkeit der spanischen Herrscher auf sich, sondern auch die all ihrer europäischen Rivalen, die ihnen die Edelmetallschätze, den Grund und die neuen Siedlungen auf dem „Neuen Kontinent" streitig machen wollten. Der Militärstandort, ein Kolonialhafen, der entsprechend der unterschiedlichen Sprachen verschiedene Namen hatte, wurde mit Festungen beiderseits des Kanals am Eingang der Bucht befestigt, und entlang der Küste erbaute man an möglichen Angriffspunkten Wachtürme. Das Castillo de la Real Fuerza, das erste erbaute und bei einem Angriff von Jacques de Sorest 1554 zerstörte Fort, wurde wenig später, gleichzeitig mit dem Waffenplatz, neu aufgebaut. Der König verpflichtete die besten Ingenieure, Architekten und Steinmetze für Militäranlagen, die Festungen Tres Reyes del Morro und San Salvador de la Punta zu erbauen, die den Hafeneingang schlossen. Der Italiener Gian Battista Antonelli war einer der großen Baumeister Havannas und verwirklichte eine Wasserversorgung, die für die damalige Zeit sehr außergewöhnlich war. Der Fossato Reale („Königsgraben"), der über drei Jahrhunderte die Stadt mit dem Wasser versorgte, das aus dem entfernten Río de la Chorrera umgeleitet wurde und heute als Almendares bekannt ist, ist sein Werk.

129 oben Mitte Das päpstliche Wappen prangt am Portal der Kathedrale von Havanna.

129 oben rechts In Kuba ist das *Mural* seit Jahr und Tag ein bevorzugtes Medium für politische Propaganda.

129 unten Das eindrucksvolle und ausgewogene weiße Kapitol, in dem heute die Akademie der Wissenschaften und die Nationalbibliothek untergebracht sind, scheint den farbigen Zauber der berühmten *Automobiles* von Havanna zu unterstreichen.

HAVANNA – CHARME DER HAUPTSTADT

130 José Martí und Che Guevara sind die Protagonisten der Plaza de la Revolución. Bei der weissen Statue Martís (links) finden jedes Jahr die Feiern zum 1. Mai statt. Daneben steht das 147 Meter hohe, nach ihm benannte Monument (Mitte). Das stilisierte Antlitz Che Guevaras (rechts) hebt sich von der Fassade des Innenministeriums ab.

Die Stadt wurde 1607 Regierungssitz, war dies aber de facto schon viel früher. Die Regierenden waren Soldaten mit dem Grad eines Generalkapitäns der Insel Kuba. Nach und nach errichtete man eine hohe, dicke Stadtmauer im mittelalterlichen Stil. Gegen 1740 waren die Arbeiten abgeschlossen. Die Mauer schloss die gesamte Stadt ein und trennte sie von der Bucht. Weitere zivile Gebäude für den städtischen *Cabildo* entstanden gegenüber der heutigen Plaza de San Francisco, nämlich die Zollbehörde und die erste Schiffswerft. Die Türme der Klosterkirchen der ersten Ordensbruderschaften, die sich in Havanna niederließen (Franziskaner, Augustiner und Dominikaner) vervollständigten das katholische Bild dieser amerikanischen Kolonialstadt im klassischen Stil.

In der Stadt lebte eine heterogene Bevölkerung, deren Zusammensetzung sich ständig änderte. Es gab spanische Kolonen, von *guanches* abstammende kanarische Familien, Eingeborene und afrikanische Sklaven. Jeder Kaufmann, Matrose, Frater und sogar Pilger Europas und Amerikas, der den Atlantik überquert hatte, wurde Teil dieser vielfarbigen Bevölkerung. Ein echtes, theatralisches *Concerto Barocco*, wie es in dem gleichnamigen Roman von Alejo Carpentier beschrieben wird. Auf diesen Wegen, die noch wenig beschrieben wurden, gelangte am Ende des 17. Jahrhunderts das Bildnis der *Virgen de Regla* (nach der „Augustinerregel") in den Hafen. Es wurde in einer bescheidenen Einsiedelei, die später Pfarrkirche wurde, aufgestellt und „Patronin des Hafens von Havanna" genannt. Später, vielleicht im 19. Jahrhundert, verschmolz sie mit der *orisha* der Yaruba zu *Yemayá*.

Die Regierung Havannas war ständig gespalten. Auf der einen Seite standen die Interessen des Königs und der Metropoliten, auf der anderen die der reichen und mächtigen „Bürger", Herren der lokalen Kommission und Mitglieder der Oligarchie, die über die Erde und deren Produkte herrschte, von Ackerbau bis Viehzucht, von welchen sich sowohl die Anwohner als auch diejenigen ernährten, die regelmäßig mit der Flotte kamen oder im Hafen zwischenlandeten. Das System des Handelsmonopols hatte seinen Sitz in Havanna, zum Schaden der übrigen Siedlungen Kubas. Der einzige Hafen, der Handelsware von und nach Sevilla abfertigen durfte, war der Hafen von Havanna. Handel, der in einem anderen Hafen der Insel stattfand, galt als Schmuggel und wurde gerichtlich verfolgt. Auf diese Weise sicherte sich die Hauptstadt der Kolonie ihre eigene wirtschaftliche Bedeutung gegenüber den Bewohnern im Landesinneren.

Im 18. Jahrhundert, nachdem der amerikanische Gold- und Silberabbau beendet worden war und damit auch die Daseinsberechtigung der Goldflotte, begann Havanna mit dem Ausbau der kommerziellen Landwirtschaft und erhöhte die Anbauflächen für Tabak und Zuckerrohr. Das Monopol der Tabakverarbeitung für die Fabrik in Sevilla führte zu heftigen Protesten und Aufständen unter den wichtigsten Tabakbauern, die ursprünglich von den Kanaren stammten. Diese Revolten der so genannten *„vegueros"* fanden zwischen 1717 und 1723 statt und wurden sofort militärisch niedergeschlagen. Mit Unterstützung Philipps V. wurde eine ausgewählte Gruppe adliger Vasallen eingesetzt, die zusammen mit wichtigen Kaufleuten, hohen Militärs und königlichen Beamten die Stadt kontrollierte und eine Art Großstadtprojekt für Havanna ins Leben rief, das den Vorrang der städtischen Kultur garantierte, die Sklaverei unterstützte und auf der Ausbeutung des verbliebenen ländlichen Territoriums

131 LINKS Die Wellen der Meerenge von Florida überspülen den Malecón, die belebte Strandpromenade Havannas.

131 MITTE UND RECHTS Eklektizistische Details: Zahllose Besonderheiten wie eine einfache Volute der Kathedrale Havannas und ein herrlicher Fenstergiebel machen den Charme dieser Stadt aus.

und der dort lebenden Menschen basierte. Die meisten davon waren Kanaren, weiße Bauern, die zwar arm, aber frei waren. Die Besetzung Havannas durch die Engländer 1762 war ein einschneidendes Ereignis, das sowohl das Verteidigungssystem als auch den Mut und die Loyalität der Einwohner und Verteidiger auf eine harte Probe stellte. Die Rückgabe Havannas an den spanischen König im Tausch gegen Florida und der Wiederaufbau ab Juli 1763 waren ein Meilenstein in der Geschichte der Stadt und ihrer Gebäude. Der angehäufte Reichtum fand seinen Ausdruck in den neuen Herrenhäusern, die in gewisser Weise anfingen mit dem neuen Regierungspalast der Generalkapitäne zu konkurrieren, der gegenüber des antiken Waffenplatzes lag und dann auf das Marsfeld, außerhalb der Stadtmauer, verlegt worden war. Die Grafen und Fürsten, größtenteils Kreolen, wurden Herren mit Mestizentiteln (Grafschaft San Felipe y Santiago de Bejucal oder Fürstentum San Juan de Jaruco oder Gibacoa). Sie ließen an den Fassaden ihrer Häuser ihre Wappen und Waffen anbringen. Der Reichtum in den Wohnungen, die farbenfrohen Glasfenster, welche die Räume vor der Sonne schützten, die wertvollen Hölzer und der höfische Luxus, der das soziale Leben Havannas und die Schönheit der Stadt zur Schau stellte, die Pappelalleen, das erste, 1773 eröffnete Theater und die leuchtende Kathedrale, Sitz der soeben entstandenen Diözese Havannas, versetzten die Gouverneure, welche die spanische Monarchie auf der Insel vertraten, in Staunen. In den Neunzigerjahren des 18. Jahrhunderts entwickelte sich die Landwirtschaft Havannas, und in der Folge die Kultivierung des angrenzenden Matanzas, so schnell, dass diese Region zu einem wahren Imperium der Zuckerplantagen wurde. Es war das größte und wichtigste Anbaugebiet der Karibik, und der Absatz auf den Weltmärkten war gesichert. Die Spuren dieses wirtschaftlichen Booms, der durch Sklavenarbeit erreicht worden war, zeichneten die Inselhauptstadt für alle Zeiten.

Zu Beginn des 19. Jahrhunderts, 1811, war Havanna über die Stadtmauer hinausgewachsen. Die Einwohnerzahl erreichte 98.000, davon 43.000 Weiße, 27.000 freie Farbige und 28.000 afrikanische und kreolische Sklaven. Auf dem Rechtsterritorium Havannas lebten 252.000 Menschen, unterteilt in Weiße und Schwarze, Freie und Sklaven. Baron Alexander von Humboldt, ein berühmter Besucher der Stadt und Gast ihrer ausgewählten Gesellschaft (1800 und 1804), schrieb das *Esayo político sobre la Isla de Cuba* (Politisches Essay über die Insel Kuba), eine Abhandlung, in welcher er die Aufmerksamkeit der europäischen Regierungen auf die Fortschritte und die typischen Probleme dieser spanischen Kolonie lenkte, die wenig später, 1825, zusammen mit Puerto Rico zum bedeutendsten Überrest des ehemaligen spanischen Imperiums in Amerika werden sollte. Zwei Jahre danach wurde Humboldts Schrift verboten und von der Junta in Havanna als „Anti-Sklaverei-Pamphlet" bezeichnet. In den ersten Jahrzehnten des 19. Jahrhunderts entstanden Urlaubszentren wie El Cerro, Marianoa und El Carmelo in den ländlichen Gegenden des Distrikts Havanna. Die Landhäuser waren architektonische Meisterwerke, vor allem im neoklassischen Stil und vom Palladianismus inspiriert. Aus Carrara importierter Marmor aus dem Hafen Genuas ersetzte die antiken Keramikfliesen in den Räumen und auf den Treppen der Residenzen innerhalb der Stadtmauer Havannas. Marmorstatuen zierten Innenräume, Gärten und Höfe.

Auch der erste Friedhof *extra muros*, zu Ehren des Bischofs, der ihn 1805 gründete, „di Espada" genannt, wurde mit weißem, italienischem und kreolischem Marmor verschönert. Der kreolische Marmor kam aus den Steinbrüchen der Isla de Pinos im Süden Havannas, die erst kurz vorher entdeckt worden waren. Die 1860 sehr berühmten Theater, unter anderen Tacón, Payret und Diorama, schlossen jedes Jahr Verträge mit den besten italienischen Opernensembles. Pferdekutschen- und Kaleschenausflüge waren Teil des täglichen Lebens bei den strahlenden Einwohnern der Hauptstadt, deren Schönheit, Eleganz und Kultur von der Lokalpresse der damaligen Zeit hoch gerühmt wurde. Ab 1840 gehörte die Tabakfabrik – Zigarren und Zigaretten – zum Stadtbild. Das Image Havannas als Stadt der „echten Havanna" war wegen der umweltfreundlichen Produktion mit anderen Städten vergleichbar und vielleicht noch besser. Die Tabakkistchen wurden mit künstlerischen Lithografien dekoriert, die überall den Namen und die wesentlichen Symbole der Havanna mit Goldbanderole verbreiteten.

132 DIE LAUBENGÄNGE AM PASEO DE MARTÍ ODER PRADO SIND EINE ÜBERRASCHENDE MISCHUNG AUS ART DÉCO, NEOKLASSIZISMUS UND BAROCK.

133 OBEN IM CASTILLO DE LOS TRES REYES DEL MORRO AN DER HAFENEINFAHRT ERHEBT SICH DER ÄLTESTE, 1845 ERBAUTE, LEUCHTTURM KUBAS.

133 UNTEN EIN STRENGER, NEOKLASSIZISTISCHER SÄULENGANG FÜHRT IN DIE UNIVERSIDAD DE LA HABANA, AN DER 30.000 KUBANISCHE UND AUSLÄNDISCHE STUDENTEN EINGESCHRIEBEN SIND.

HAVANNA – CHARME DER HAUPTSTADT

Nach 1886, als offiziell die Sklaverei abgeschafft worden war und eine Zeit des Friedens folgte, stieg die Beschäftigung von Arbeitern in den Tabakfabriken Havannas. Es gab keine Rassen-, Geschlechts- oder Altersdiskriminierungen mehr und es entstanden sehr unterschiedliche Häuser in den Proletariervierteln wie Pueblo Nuevo oder San Lázaro.

Die Unabhängigkeitskriege zwangen die Stadt nicht in die Knie. Dies geschah erst 1896, als die mörderische Politik des spanischen Generals Valeriano Weyler begann. Ein Großteil der Bevölkerung, seien es Angehörige der kreolischen Gruppen mit wirtschaftlicher und unabhängiger Macht, oder Arbeiter in den Tabakfabriken, wurden zwangsweise ins Exil geschickt. Unter den Arbeitern war auch José Martí, der in Havanna geborene Nationalheld Kubas, der eine wesentliche Stütze bei der Kriegsführung 1895 war. Während der Zeit der Republik, die offiziell 1902 begann, blieb Havanna die Hauptstadt des Landes und erhielt sich ihr traditionelles Großstadtimage. Die im 19. Jahrhundert begonnene Modernisierung der Stadt schritt schnell voran. Um 1925 nahm das Wachstum der Stadt noch zu, auch dank eines effizienten Eisenbahnnetzes (eingeweiht 1837), städtischer Straßenbahnen, der Inbetriebnahme des Albear-Aquädukts (1893) und der Versorgung mit Elektrizität und Gas, und schließlich dank der niedrigen Bodenpreise, besonders im Südosten der Stadt.

Die Hauptstraßen, die durch die frühere Vorstadtgegend führten, wurden wieder geordnet und einheitlich gestaltet und obligatorisch mit Arkaden ausgestattet, die der Anfang der herrlichen, arkadengesäumten Straßen waren, wo sich das traditionelle Handelszentrum etablierte. Die Straßen und baumbestandenen Wege, aber auch die Gärten der Häuser, schmückten die neue, erweiterte Stadt. Die Planung wurde renommierten kubanischen Architekten übertragen – Pedro Martínez Indán und Emilio Vasconcelos – und angesehenen ausländischen Experten wie Jean Nicolau Forestier (1926). Die moderne Architektur und besonders die Art déco in all ihren Varianten wurden angewandt, um die ungleichen Bauten einander anzugleichen: Es entstanden Residenzen mit fünf und mehr Stockwerken, die mit *azulejos* geschmückt waren und in welchen vollständige Bäder, elektrische Fahrstühle, Kinos, Banken, Läden und ausgezeichnete Restaurants zu finden waren. Die Gebäude López Serrano, América und Emilio Bacardí, alle aus den Dreißigerjahren, waren die Modelle der Zeit. Auch die Bestattungsarchitektur der Necropoli Cristobál Colón, die 1871 als Monumentalfriedhof im Stil der königlichen Schule von San Fernando in Madrid eröffnet wurde, war im dritten Jahrzehnt des 20. Jahrhunderts sehr stark von der Vertikalen und der Eleganz moderner Linienführung inspiriert worden. Ein Beispiel dieser Art ist die Kapelle Baró-Lasa, die hauptsächlich von René Lalique stammt. Die Hafenstadt bot weiterhin Lohn und Brot, vor allem den Menschen der umliegenden Arbeitergemeinden: Regla, Guanabacoa und Teile des alten Havanna, die schon innerhalb derjenigen Stadtmauer gelegen hatten, die ab 1863 abgerissen worden war. Dennoch waren die 43 Viertel, die 1923 zum Distrikt Havanna gehörten, zu wenige, um den Bevölkerungszuwachs aufzunehmen. Um 1950 war die Stadt eine Metropole mit über 500.000 Einwohnern. Dem Stadtkern wurden neben den Hafengemeinden weitere Gemeinden angeschlossen. Die wichtigste für das Stadtgebiet war Marianao, das für neue Ansiedlungen des Bürgertums auserkoren und sehr heterogen und kosmopolitisch gestaltet wurde. 1953 erreichte diese Gemeinde eine Einwohnerzahl von circa 250.000. Die neuen Wohngegenden waren „modern", wie bei-

GRANDIOSAS FERIAS Y FIESTAS
ORTEGA

134 UND 135 Der unruhige und erfahrungshungrige Geist Ernest Hemingway fand in Kuba die Inspiration zu einem seiner gefeiertsten Werke, „Der alte Mann und das Meer". Die Finca Vigía, die der grosse Schriftsteller im Vorort San Francisco de Paula zu seiner Residenz erkor, liegt wenige Kilometer vom Zentrum Havannas entfernt und belegt seine Jagdpassion, die mit der Hochseefischerei, Boxen und Journalismus eine der Leidenschaften in seinem ungewöhnlichen, abenteuerlichen Leben war. Heute ist die Finca, in der seit Hemingways Verlassen nichts verändert wurde, ein Museum.

spielsweise die Gartenstadt Country Club (1915), die mit der traditionellen quadratischen Stadtplanung brach, oder Miramar (1919) mit seiner typisch maritimen Landschaft, das sehr geschätzt wurde, weil die Wohnungen Schwimmbäder hatten und die baumbestandene Hauptstraße an die Fifth Avenue in New York erinnerte. Marianao verfügte auch über ein großes Freizeitangebot: Kino, Yachtclub, Pferderennbahn, Dressurplatz für Hunde und ein viel gerühmtes Kabaret, das *Tropicana*, mit einer Tanzfläche unter freiem Himmel und einer Bühne inmitten einer atemberaubenden Vegetation. Die im Süden Havannas gelegene Gemeinde Santiago de las Vegas, wo man Tabak verarbeitete, wurde das Tor für den internationalen Tourismus, als 1928 der Flughafen, der heute zu Pan American Airways gehört und José Martí Airport heißt, eingeweiht wurde. Die Viertel im Südosten der Stadt (Santos, Suárz, Lawton und La Vibora) wurden von der historischen Straße Jesús del Monte (Zehnter Oktober) mit dem traditionellen Geschäftsviertel verbunden. Von den Hügeln La Loma del Burro und La Loma de Chaple hatten die Bewohner einen herrlichen Blick auf die wunderschöne Bucht. Die rechtwinklige Straßenführung und die Grünflächen wurden durch die großen Parks und Gärten, die schattigen, baumbestandenen Höfe, den Sportpalast und die relativ nahe gelegene ländliche Umgebung aufgewertet. Ab 1960 gab es für die Stadt einen ersten Bebauungsplan, der auf wissenschaftlichen Studien der topografischen und ökologischen Planung basierte. Die Erhaltung des kolonialen Stadtkerns unterstand den speziellen Vorgaben der nationalen, kommunalen und Provinzkommissionen für Kulturerbe sowie dem Historiografischen Institut der Stadt. Letzteres war um 1940 gegründet worden. Der erste Direktor war der Historiker Emilio Roig de Leuchsenrig, der es bis zu seinem Tod 1967 leitete. So konnte der architektonisch und städtebaulich bedeutende Stadtkern erhalten werden, der heute zum Weltkulturerbe der Unesco gehört. Zurzeit liegt die Leitung der Arbeiten in den Händen des charismatischen Historikers Eusebio Leal Spengler, der international anerkannte Restauratoren beschäftigt.

Wenige Kilometer südöstlich des Zentrums der Hauptstadt liegt der Vorort San Francisco de Paula. Hier verbrachte Ernest Hemingway, Inbegriff des abenteuerlustigen und widersprüchlichen Helden, 20 Jahre seines Lebens. Die großzügige Finca Vigía, in der er wohnte, wurde seit 1960, als der berühmte Eigentümer in die USA zurückkehrte, nicht verändert und ist heute ein Museum. Aber ein besonderes Museum, denn aus Sicherheitsgründen dürfen Besucher das Mobiliar, die tausende Bücher und den Hausrat Hemingways, einschließlich seiner Schreibmaschine, nur von außerhalb des Hauses besichtigen. Im Nordosten von San Francisco de Paula trifft man an der Küste auf einen weiteren mit dieser großen Persönlichkeit, oder besser mit einem ihrer berühmten Werke verbundenen Ort, auf Cojimar, das Fischerdorf, wo der 1954 mit dem Nobelpreis ausgezeichnete Roman „Der alte Mann und das Meer" spielt. Mit dem Buch in der Hand kann man hier die Spur der vom Autor beschriebenen Plätze und Lokale verfolgen.

136 OBEN Der Malecón, die berühmte Strandpromenade Havannas, verbindet die drei Innenstadtviertel der Stadt.

136 MITTE Zwischen den typischen niedrigen Gebäuden am Malecón ragen imposante Hotels und andere moderne Bauten auf, die dieser herrlichen Strasse jedoch nichts von ihrem Zauber nehmen.

136 UNTEN Morgen oder Abend – der Malecón ist immer die lebendigste und bevölkertste Strasse der Hauptstadt.

136–137 Auf dem fünf Kilometer langen Malecón pulsiert das tägliche Leben der Einwohner, die diese Promenade den „Salon“ der Hauptstadt nennen.

138–139 Der Malecón bietet nicht nur die intensive Aktivität, die ihn belebt. Auch die schäumenden Wellen des Ozeans tragen ihren Teil zur Atmoshpäre bei.

140 Auf dem Standbild, das Máximo Gómez, dem *Generál*, der an der Seite von José Martí für die Unabhängigkeit kämpfte, gewidmet ist, symbolisieren weisse Marmorfiguren den Drang Kubas nach Freiheit.

141 Das Reiterstandbild von Máximo Gómez steht seit 1935 in der Mitte eines grossen runden Platzes im äussersten Norden von Habana Vieja, nahe der Kanalmündung an der Hafenbucht. Der – im Gegensatz zum Intellektuellen Martí – kriegerische Gómez kämpfte im ersten und zweiten Unabhängigkeitskrieg in vorderster Reihe und führte die kubanische Revolutionspartei seit ihrer Gründung 1892.

142 OBEN Die Plaza de la Catedrál, ein herrliches Beispiel der Kolonialarchitektur, wird von der eleganten Kathedrale Havannas dominiert. Die im borromianischen Stil geplante Kathedrale entstand ab 1748 im Auftrag der Jesuiten, die den Bau jedoch nicht abschliessen konnten, da sie 1767 aus Kuba und ganz Lateinamerika vertrieben wurden.

142 MITTE Der Markt für gebrauchte Bücher besiedelt den Platz vor den Wällen des Castillo de la Real Fuerza, das 1577 fertig gestellt wurde und Sitz der spanischen Gouverneure in Kuba bis in die letzten Jahre des 18. Jahrhunderts war.

142 UNTEN Die bekannteste Fotografie Che Guevaras erscheint in unterschiedlichen Varianten auf Dutzenden Baskenmützen, die an einem Marktstand in Havanna angeboten werden.

143 Das strenge Barock der Plaza de la Catedrál wird von jungen Frauen in traditionellen farbenfrohen Kleidern belebt.

144–145 Über 30 Jahre nach seinem Tod dominiert Che Guevara noch die Literatur der Einwohner Havannas – zumindest wenn man die ihm gewidmeten Werke betrachtet, die auf dem Markt für gebrauchte Bücher auf der Plaza de Armas angeboten werden.

146–147 Das Kloster des Heiligen Franz von Assisi dominiert den nach dem Heiligen benannten Platz, in dessen Mitte der Löwenbrunnen steht, ein Werk von Giuseppe Gazzini aus dem 19. Jahrhundert.

EDITORIAL CAPITAN SAN LUIS
UN HOMBRE
Adys Cupull y Froilán
EL PENSAMIENTO
DE
Carlos
premio casa de las américas
EL DIARIO DEL CHE EN BOLIVIA

148 OBEN Was zählt, ist die Farbe: Von den Autos bis zu den Kleidern, von den Märkten bis zu den farbenfrohen Palastreihen – ganz Havanna ist ein enthusiastisches Farbenspiel. Das Gleiche gilt für die Details, wie dieses Majolikastrassenschild.

148 UNTEN LINKS UND RECHTS Die architektonischen Details der alten Viertel Havannas sind in ihrer Vielfalt immer wieder überraschend.

149 Die traditionelle Wandverkleidung mit *azulejos*, ein hispanisches Erbe, trägt mit ihrer Lebhaftigkeit zur architektonischen Finesse Havannas bei.

150–151 Dekoriert mit Schriftzügen und Fotografien berühmter und nicht berühmter Gäste ist die Bodeguita del Medio seit den Fünfzigerjahren des letzten Jahrhunderts eine der bekanntesten Bars Havannas, und das dank der Berühmtheit eines ihrer damaligen Gäste: Hemingway, der hier ein Autogramm (151 unten) hinterliess.

152–153 El Floridita (oben und Mitte), das Habana Café (unten) und das Café Monserrate (rechts) zogen weltweit bekannte Persönlichkeiten an. Es verwundert nicht, dass Hemingway, ein Liebhaber der Feste und der exotischen Drinks, im Gotha der Gäste dieser historischen Lokale in vorderster Reihe steht.

J. RVIZ DE LVNA TALAVERA
ESPAÑA

ETIENNE
PAIS
BASTIA
Patrón del Pilar.

My mojito in La Bodeguita
My daiquiri in El Floridita
Ernest Hemingway

CUNA DEL DAIQUIRI COCKTAIL
LA HABANA CUBA
BAR-RESTAURANT
LA FLORIDA
LA FLORIDA

EST. GUAYACO
ANISUM STELLAT

154–155 Wie viele andere Läden Havannas hat auch die alte Apotheke in der Calle Obispo nichts von ihrem Charme eingebüsst. Jedes „Teil“ in den alten Regalen ist ein Sammlerstück: zwischen Mörsern, Reagenzgläsern und Destillierkolben ist dieser faszinierende Laden eine Art Museum der Heilkunst.

156 OBEN UND UNTEN Die grosszügige Plaza Vieja, nicht weit vom Kloster des Heiligen Franz von Assisi, entstand im 16. Jahrhundert. Ursprünglich war sie ein Marktplatz, auch für Sklavenhandel, und Mitte des 20. Jahrhunderts fast verfallen. Doch glücklicherweise führte die Schönheit der sie umgebenden Gebäude in der zweiten Hälfte des Jahrhunderts zur Restaurierung des gesamten Areals.

157 Die elegante Kuppel des Museo de la Revolución prägt den ehemaligen Präsidentenpalast Havannas. 1957 entging der Diktator Fulgencio Batista in diesem Gebäude, in dem sich heute eine Sammlung über die Geschichte der Insel vom Kolonialismus bis zur Revolution befindet, einem Attentat.

158 OBEN Der Paseo de Martí ist eine der zauberhaftesten Strassen der Altstadt. Auf seiner ganzen Länge säumen ihn Häuser mit Laubengängen. Er erstreckt sich vom Malecón in Nordsüdrichtung bis zum Parque Centrál.

158 UNTEN Die Säle des Hotels Condé Villanueva in Habana Vieja werden durch bunte Glasfenster im Art-déco-Stil erleuchtet.

159 LINKS Der reiche Stuck hebt die strahlende Schönheit dieses Laubengangs am Paseo de Martí hervor.

159 RECHTS Zartes Rosa, Azur, Blau und Rot: Die Farben des Hotels Santa Isabél bereichern die Plaza de Armas am Kanal der Hafeneinfahrt.

160 UND 161 Egal aus welchem Winkel man ihn betrachtet, der Paseo de Martí ist ein unerschöpflicher Quell architektonischer und farbiger Überraschungen.

162–163 Die Kuppel des Kapitols erhebt sich an der Seite des eindrucksvollen Hotels Plaza aus dem Jahr 1909. Das Capitolio Nacionál, bis 1929 Parlamentssitz, entstand auf Anordnung des Diktators Machado zwischen 1929 und 1931. Heute befinden sich hier die Nationalbibliothek und die Akademie der Wissenschaften.

163 OBEN Von außen wirkt das Kapitol nüchtern und vom Kapitol in Washington beeinflusst. Im Inneren gibt es verschiedene bemerkenswerte Räume wie den gut 20 Meter langen Salon de los Pasos Perdidos (links) und die ruhigen Säle der Nationalbibliothek (rechts), die nach José Martí benannt ist.

163 UNTEN Beim Bau des Kapitols scheute man keine Kosten. Die Statuen beiderseits des Eingangs (links) und vor allem die Statue der Republik (rechts) unter der Kuppel, die alle von dem Bildhauer Angelo Zanelli stammen, sind wahrlich majestätisch. Letztere gehört mit 17 Metern Höhe zu den höchsten Bronzestatuen der Welt.

164 OBEN Das heutige Gran Teatro de la Habana, Sitz des Nationalballetts, entstand aus dem 1834 gegründeten Mehrzwecktheater Tacón. Der Zuschauerraum fasst 2.000 Besucher.

164 UNTEN Die grosse Treppe des Gran Teatro belegt die Originalität, die für das ganze Gebäude charakteristisch ist. Es ist das 1915 als soziale Einrichtung für galizische Einwanderer eingeweihte Centro Gallego.

164–165 Die reich verzierte, neobarocke Fassade des Centro Gallego nimmt einige Themen der Art déco vorweg. Der Entwurf für den imposanten Bau stammt von dem belgischen Architekten Paul Belau.

166 OBEN *Ars gratia artis*: In der Calle Jon de Jamel manifestiert sich die Volkskreativität frei und sehr wirkungsvoll.

166 UNTEN In einem Land, wo Benzin rationiert ist, sind die öffentlichen Verkehrsmittel für viele die einzige Möglichkeit, sich in der Stadt fortzubewegen, die sich am Meer entlang, einschliesslich der Vororte, über fast 50 Kilometer Luftlinie erstreckt.

167 Das Viertel Cerro ist die südliche Fortsetzung der drei zentralen Stadtviertel Vedado, Centro Habana und Habana Vieja.

VON 168 BIS 175 Die kräftigen Farben spontaner Kunst beleben die Mauern der Calle de Jamel. Die *murales* sind ein wichtiges Mittel für kulturellen Ausdruck und soziale Erklärungen, aber sie können auch das raue Leben, das für viele Einwohner Havannas alles andere als einfach ist, erleichtern.

176 UND 177 Wie das Kapitol zeigt auch das Hotel Nacionál den gleichen grandiosen und „amerikanisierten“ Geschmack des ehemaligen Parlamentssitzes. Die Galerie der Berühmtheiten im *logo* des Hotels erinnert unvermeidlich an die Jahre vor der Revolution durch Castro und an einen Lebensstil, der gänzlich anders war als der heutige.

178–179 Das *Tropicana* ist der Night-Club Havannas par excellence. Das Niveau der heutigen Aufführungen ist nicht erstklassig, aber das Ambiente – die Bühne unter freiem Himmel in tropischer Vegetation – ist einen Besuch wert. Hier atmet man die Atmosphäre vergangener Zeiten.

Agua
Concentrada

TE ESTOY CAZANDO

MONUMENTO NACIONAL

HNC
Pablo Casal
Lucho Gatica
Marlon Brando
Sarita Montiel
Barón de Bornemisza
John Wayne
Lola Flores
Porfirio Rubirosa

TROPICANA

180 OBEN Der schlichte und feine Entwurf des Teatro Tomás Terry (links) wurde einer französischen Kommission zur Begutachtung vorgelegt. Nicht ohne Grund wird Cienfuegos das „Paris Kubas" genannt. Zwischen den majestätischen Bäumen des Martí-Parks leuchtet der Triumphbogen (Mitte), in dem das Datum der Uraufführung der kubanischen Hymne (20. Mai 1902) eingemeisselt ist, und ein eleganter neoklassizistischer Pavillon (rechts).

CIENFUEGOS

DAS PARIS KUBAS

Obwohl die Bucht von Jagua an der Südküste der Insel bereits 1494 von Kolumbus, der sie Puerto de Misas nannte, besucht worden war, und dann 1514 von Diego Velázquez de Cuéllar, fand keinerlei Bebauung statt. Erst 1742 entstand hier das Castillo de Nuestra Señora de los Angeles de Jagua. Später führte die Bedeutung als strategischer Verteidigungsposten für den Süden der Insel und Havanna und die Möglichkeit eines großen Bevölkerungswachstums in der Kolonie dazu, dass die Kommission von Guantánamo (von 1797 bis 1802) unter der Führung des Kubaners Joaquín de Santa Cruz y Cárdenas, erster Graf von Santa Cruz von Mopox, diesen Ort aufwertete. Man bat Félix und Francisco Lemaur, französischstämmige Ingenieure, um einen Vorschlag für die Bebauung. Das Ergebnis war ein Projekt für eine Stadt auf der Halbinsel Demajagua, mit rechteckigem Stadtbild, großen Straßen und Gärten nach französischem Barockvorbild am äußersten Ende der gegenüberliegenden Küste. Der Ansiedlung waren auch Befestigungen angegliedert, die das bestehende Kastell vervollständigten. Leider wurde das Projekt nicht realisiert und die Stadt entstand erst auf Drängen von Luís de Clouet, ihrem Gründer. Zu Ehren des Generalkapitäns und Gouverneurs José Cienfuegos y Jovellanos, der dieses Amt um 1816 bekleidete, erhielt sie den Namen Cienfuegos. Luís de Clouet stammte aus Louisiana, einer Kolonie, die von der französischen Regierung an die Vereinigten Staaten verkauft worden war, ohne vorher die Bevölkerung zu befragen. Clouet ermutigte die französischen Bewohner, die größtenteils aus Bordeaux stammten, in diese neue Stadt auf den Antillen zu emigrieren. Eine Zählung 1827 ergab eine Einwohnerzahl von 841. Trotz der klimatischen Anpassungsschwierigkeiten führte das Gedeihen der Zuckerrohrplantagen, die wirtschaftlich den Aufschwung der Stadt während der Sechzigerjahre des 19. Jahrhunderts trugen, zu einem Fortschritt, der von den 9.950 Einwohnern belegt wird, die sich hier 1861 in 433 gemauerten Häusern angesiedelt hatten. Auch die Realisierung einer Eisenbahnstrecke, die den Hafen mit dem nahen Landwirtschaftsareal verband, beweist diesen Fortschritt. Cienfuegos ist offensichtlich eine neoklassizistische Stadt mit rechtwinkligen Straßen, Promenaden, die zur blauen Bucht führen, Fassaden und Gehsteige sind gradlinig angeordnet, es gibt Parks und baumbestandene Straßen wie den Paseo del Prado, welche die Sauerstoffversorgung der Stadt erleichtern und den Besuchern Schatten spenden. Und nicht ohne Grund sind die Ein-

180 UNTEN Cienfuegos liegt an einer der schönsten Buchten Kubas, die derjenigen Havannas ähnelt: Beide sind fast Binnenmeere.

181 Eklektizistisch im wahrsten Sinne ist der Palacio de Valle (1917). Er entstand als Privatresidenz. Zwischen 1960 und 1990 war hier eine Hotelfachschule untergebracht. Heute ist er ein renommiertes Restaurant.

wohner Cienfuegos stolz auf die Sauberkeit in ihrer Stadt. Die Flachdächer der Häuser und die Balkone unterstreichen die Horizontale, die das Stadtbild prägt. Elegante, schmiedeeiserne Gitter zieren Fassaden, Fenster und Eingangshallen, alle in den unterschiedlichen Stilen, die Kuba im Lauf des 19. Jahrhunderts dominierten. Im darauf folgenden Jahrhundert empfahl sich Cienfuegos als bedeutender Zuckerhafen, vergleichbar mit Matanzas und Cárdenas im Norden. Einige der alten Zuckerrohranlagen, wo einst Sklaven arbeiteten, wurden Denkmäler für die kubanische Industriearchitektur. In Cienfuegos gibt es viele Zeugen der Kolonialarchitektur, die zu den Nationaldenkmälern zählen. Die neoklassizistische Pfarrkirche in Cienfuegos, eine der bedeutendsten religiösen Bauten der Stadt, entstand 1869 auf dem Hauptplatz. Ein weiteres bedeutendes Gebäude ist das Teatro Terry, das 1890 eröffnet wurde. Hier traten berühmte Theater- und Opernensembles auf. Der Botanische Garten, ursprünglich von der Harvard-Universität gepflegt, wurde von der nordamerikanischen Familie Atkins angelegt, die zu Beginn des 20. Jahrhunderts in dieser Gegend Zuckerfabriken betrieb. Die wissenschaftliche, originelle Anlage des Gartens, der heute von der örtlichen Universität gepflegt wird, und die Artenvielfalt – besonders bei den Palmen – sind ein Wunderwerk. Zweifellos ist der Botanische Garten eine wichtige Attraktion für Ökologen, welche die Stadt besuchen. Von großem Wert auf dem Gebiet der kubanischen Bestattungsarchitektur ist der 1927 eröffnete Friedhof von Acea, der als Ersatz für den alten Reina-Friedhof entstand. Dieser mit wunderbaren Schmiedeeisengittern, Bronze- und Eisentoren mit Bibelmotiven geschmückte und mit fein gearbeiteten Grabsteinen aus Carraramarmor bestückte Friedhof wurde bereits 1837 seiner Bestimmung übergeben. Beide Friedhöfe von Cienfuegos sind Teil einer ausgesuchten Gesamtheit kubanischer Friedhöfe, zu welcher die Necropoli di Colón in Havanna und der Friedhof Santa Ifigenia in Santiago de Cuba gehören. „Cienfuegos ist die Stadt, die mir am besten gefällt." Viele Touristen wiederholen diesen Satz, ohne Kenntnis von seiner tieferen Bedeutung zu haben. Es ist der populäre Refrain des berühmtesten *sonero* von Benny Moré, der damit versichert, dass diese Stadt das „Paris Kubas" ist. Warum? Vielleicht wegen des französischen Ursprungs der Stadt… aber unter der tropischen Sonne erscheint Cienfuegos noch attraktiver als die *Ville Lumière*.

TRINIDAD

DIE ROMANTISCHE STADT

Trinidad, oder eigentlich Santísima Trinidad, wurde 1514 gegründet und war in der Kolonialzeit lange das politische Zentrum der Region in der Mitte der Insel. In der Umgebung gibt es weitere antike Städte, die aufgrund ihres außergewöhnlichen Wertes zu Nationaldenkmälern ernannt wurden. Dies sind Sancti Spiritus, das zeitgleich mit Trinidad entstand, Remedios aus dem 16. Jahrhundert, das ohne eigenes Rechtsgebiet unter der Schutzherrschaft von Vasco Parcallo de Figueroa an der Ostküste lag, Santa Clara, gegründet um 1689, und Cienfuegos, die Perle des kubanischen Städtebaus im 19. Jahrhundert.

Trinidad liegt im Valle de San Luís, hinter der ländlichen Gegend des Bergmassivs der Sierra del Escambray und vor der Karibik, die man von Weitem sehen kann, wenn man von der antiken Einsiedelei Virgen de la Candelaria de la Popa (ca. 1740) herabsieht.

Der nur 40 Minuten von der Stadt entfernt liegende Hafen Casilda ist der Zugang zum Meer.

Das ursprüngliche Stadtzentrum lag an den Ufern des Yayabo, und sein sehr unregelmäßiges Stadtbild entwickelte sich um einen Hauptplatz herum, der heute als *la placita* („kleiner Platz") bekannt ist. In den ersten beiden Jahrhunderten (15. bis 17. Jahrhundert) war die lokale Viehzucht wegen ihrer Beziehungen zum Markt Havannas von einer gewissen wirtschaftlichen Relevanz. Aus dieser Zeit stammt das Gebäude mit der Kirche und dem Kloster des Heiligen Franz von Assisi. Der große, zentrale Turm war zu Beginn des 19. Jahrhunderts ein unverwechselbares Merkmal der Stadtsilhouette. Während der Unabhängigkeitskriege wurde dieser Komplex ein spanischer Militärstützpunkt. Kürzlich dann restaurierte man ihn, um ein Museum darin einzurichten.

Die spanischen und französischen Emigranten, die in der zweiten Hälfte des 18. Jahrhunderts aus Florida, Haiti und Santo Domingo kamen, erneuerten die Stadt in kürzester Zeit. Großer landwirtschaftlicher Reichtum entstand durch

182 Besonderheiten Trinidads sind die gedrechselten Holz- oder die Schmiedeeisengitter (*rejas*) vor den hohen Fenstern.

183 oben links und mitte Ob arm oder reich, die Häuser Trinidads sind Juwelen der Kolonialarchitektur.

183 oben rechts Die Kirche der Heiligsten Dreifaltigkeit auf der Plaza Mayor wurde Ende des 19. Jahrhunderts wieder aufgebaut.

183 unten Im 19. Jahrhundert wurde ein Teil der Holzgitter durch robuste Eisengitter mit charakteristischen Voluten ersetzt.

die Schaffung von Kaffee-, Baumwoll- und Zuckerrohrplantagen, deren Ertrag für den Handel bestimmt war. Parallel entwickelten sich neue kulturelle Impulse. Im Zuge all dieser Neuerungen wuchs Trinidad, und seine zivilen und sakralen Bauten wurden aus Steinen solide und dauerhaft gemauert.

Die Architektur Trinidads zeichnet sich durch einige besondere Merkmale aus. Normalerweise bestehen die Häuser nur aus einem Erdgeschoss, nur wenige haben noch eine erste Etage. Zur Straße hin liegen große Fenster mit einem Sockel, der sie an der Außenseite über das Straßenniveau hebt und im Inneren als Sitzgelegenheit dient. Die ursprünglich mit kunstvoll gedrechselten und von kleinen Dächern gekrönten Hartholzfenstergitter wurden im 19. Jahrhundert teilweise durch Schmiedeeisengitter ersetzt. Mit ihren eleganten Gittern waren die Häuser der Schmuck der gepflasterten Straßen und verliehen Trinidad einen eigenen, städtischen Glanz. Die typische Wohnung in Trinidad ist außergewöhnlich großzügig angelegt. Die Höfe sind sehr groß und ausladend, und die älteren sind von kleinen Vordächern, die auf einfachen Pfeilern ruhen, umgeben oder zumindest an einer Seite gesäumt. Das häusliche Ambiente, zu dem Brunnen und liebevoll gepflegte Gärten gehören, beleben viele Singvögel, die in den Gärten frei leben können.

Ein typisches Beispiel ist das heutige Museo de Arquitectura, das ein Vermächtnis der zweiten Gräfin von Sant' Antonio, Antonia Domínguez y Borrell ist. Sie war die Gattin des berühmten spanischen Politikers Francisco Serrano y Domínguez, erster Herzog von Torre und von 1859 bis 1862 Generalkapitän der Insel. In Trinidad, das 1823 mit Wappen und Waffen zur Stadt erhoben worden war, lebte eine kleine, aber mächtige Adelsgesellschaft, deren Wohlstand sich in fürstlichen Residenzen manifestierte, vergleichbar mit den repräsentativen Patrizierhäusern Havannas. Ein Meisterwerk war der Bau der Residenz des Grafen von Casa Brunet gegenüber des Hauptplatzes, in der heute das Museo Romántico untergebracht ist.

184 Das Leben in einer Strasse in der Nähe der Plaza Mayor verläuft ruhig, im sicheren Schatten des Glockenturms des Klosters des Heiligen Franz von Assisi.

185 OBEN Bei Sonnenuntergang erstrahlt der gelbe Brunet-Palast in warmem Ocker. Bis 1808, als die erste Etage errichtet wurde, bestand auch dieses Gebäude nur aus dem Erdgeschoss, wie die meisten der Häuser Trinidads.

Ungewöhnlicherweise breitete sich der architektonische Einfluss Trinidads auch in das Wirtschaftszentrum der Stadt aus, in das berühmte Valle de los Ingenios. An diesem Ort, der vom eindrucksvollen Aussichtsturm Iznaga dominiert wurde, standen circa 50 Zuckerfabriken, in denen afrikanische Sklaven arbeiteten. Hier entstanden exotische Häuser nach italienischem Vorbild, mit Treppen und Fußböden aus Carraramarmor, und die Räume schmückten *murales*, Fresken, welche die erst kurz zuvor entdeckten Ruinen von Pompeii imitierten. Die herrliche Residenz des ersten Marquis von Guaímaro, deren Renovierung bereits im Gang ist, ist eines der besten Zeugnisse dieses Genres. Die Finanzkrise 1857 und der Beginn der kubanischen Unabhängigkeitskriege etwa zehn Jahre später zerstörten Trinidads Wirtschaft. Die Stadt verfiel schnell, da sie ins Kriegsgeschehen verwickelt war und ein Großteil der Einwohner auf den Schlachtfeldern kämpfte.

Bei der Geburt der Republik Kuba und am Anfang der neokolonialen Ära wurde dieser Region trotz der Studien über ihren architektonischen Wert nur wenig Beachtung geschenkt. Unter der Volksregierung erhielten Trinidad und das Valle de los Ingenios endlich die entsprechende Priorität auf dem Gebiet der Erhaltung der nationalen Bauten und wurde darüber hinaus zum Weltkulturerbe der Unesco ernannt.

185 UNTEN Das uralte Ziegelmeer der Dächer von Trinidad überragt der Glockenturm des Klosters des Heiligen Franz. Das aus dem 18. Jahrhundert stammende Gebäude war Ende des 19. Jahrhunderts eine Kaserne der spanischen Armee.

186 Trinidad, eingebettet in eine zeitlose Atmosphäre, besitzt Schätze, die dem 21. Jahrhundert fremd zu sein scheinen. Eine der liebsten Beschäftigungen der Bewohner, die mehr Freizeit haben – Kinder und Alte – ist es, im nahen Park des Río Melodioso Singvögel zu fangen, die dann das stille und schattige Heim mit ihrem Gesang erfüllen.

187 An der zentralen Rua Echerrí erhebt sich der Campanile des Klosters des Heiligen Franz, den man von jedem Punkt der Stadt aus sehen kann und der fast ihr Symbol ist. Der Turm entstand in den ersten Jahren des 19. Jahrhunderts. Zusammen mit der gleichzeitig gegossenen Glocke ist er der einzige erhaltene Teil des antiken Klosters, in dem heute das Museo de la lucha contra bandidos untergebracht ist, das dem Revolutionskampf in der Sierra del Escambray gewidmet ist.

188–189 Oldtimer und uralte Häuser unterstreichen die besondere Atmosphäre dieses ruhigen Gässchens in Trinidad. Die Bevölkerung stammt zu einem guten Teil von Afrikanern ab, die hierher gebracht worden waren, um auf den Zuckerrohrplantagen zu arbeiten, die jahrhundertelang der Reichtum der Stadt waren.

189 oben Viele Strassen Trinidads, die meist mit Stein gepflastert sind, winden sich um den Stadtkern, die Plaza Mayor, herum.

189 Mitte und unten Die Ernennung Trinidads zum Weltkulturerbe 1988 führte dazu, dass die bereits an verschiedenen Stellen der Stadt begonnenen Restaurierungen auf die niedrigen und fast schmucklosen Häuser, die bisher noch nicht von dem wertvollen Status profitieren konnten, ausgedehnt wurden.

190 UND 191 Buick, Chevrolet, Studebaker, Ford, Packard, Oldsmobile… je mehr desto besser. Die Autos Kubas (das neueste stammt aus dem Jahr 1961, als das US-Embargo begann) gehören mit Recht zu den Besonderheiten der Insel. Aber es ist nicht die Nostalgie der Eigentümer, die dafür sorgt, dass die kubanischen Autos scheinbar aus einem Museum stammen. Es liegt vielmehr am Geldmangel. Da es sich um nahezu unverwüstliche Fahrzeuge handelt, werden sie bei entsprechender Pflege noch heute überall als normales Transportmittel benutzt.

192 UND 193 Gesichter, Gesten und Lächeln erreichen einen durch die *rejas* an den Strassen im Zentrum Trinidads. Diese Gitter, eines der bemerkenswertesten und allgegenwärtigen Charakteristika der Stadt, ermöglichen Kommunikation. Einerseits kann der Passant Menschen und Einrichtung, *patios* und *azulejos* im Inneren betrachten, andererseits kann der Bewohner bequem im Sitzen das Treiben auf der Strasse vom Wohnzimmer aus beobachten.

194 Das Ergebnis der umfangreichen Restaurierungen der letzten Jahre ist fast überall in Trinidad zu erkennen. Der in Jahrzehnten des Verfalls verlorene Glanz kehrt zurück. Links eine neu gestrichene Tür mit alten Beschlägen; rechts eine aussergewöhnlich fein gearbeitete *reja* an der Plaza Mayor.

195 Die Zeit verändert Vieles: Die geräumigen Residenzen Trinidads gehören heute nicht mehr den Grossgrundbesitzern ,und das Kreuz darf wieder ein geliebtes Symbol des kubanischen Volkes sein (links). Rechts: An der Plaza Mayor erhält ein bescheidenes Eisengitter einen neuen Anstrich, ganz in Harmonie mit dem Stadtbild. Unten: Obwohl kahl und linear, erscheinen die Wohnungen der Stadt dank des Farbenspiels niemals schmucklos.

196 Der Brunet-Palast entstand zwischen 1740 und 1808 und ist vollständig erhalten. Hier befinden sich die 13 Säle des faszinierenden Museo Romántico. Das Mobiliar und die Antiquitäten, fast alle europäischer Machart, wurden aus den verschiedenen Patrizierhäusern Trinidads zusammengetragen, während die schmückenden Ebenholz- und Marmorobjekte die des ursprünglichen Eigentümers sind, des mächtigen Industriellen Mariano Borrel.

197 OBEN Der zu Beginn des 20. Jahrhunderts verlassene und ausgeraubte Brunet-Palast verdankt seinen heutigen Glanz dem Historiker Carlos Zerquera aus Trinidad.

197 UNTEN Der Speisesaal des Brunet-Palasts wird durch die *abanicos*, die „Fächer" in den Fensterbögen des lichtdurchfluteten Patios belüftet.

198 OBEN Die herrlichen Säle um den Patio des Museums der Architektur Trinidads, die in verschiedenen angrenzenden Gebäuden untergebracht sind und aus dem 18. Jahrhundert stammen, sind der Architektur der Bürgerresidenzen aus dem 18. und 19. Jahrhundert angelehnt.

198 UNTEN Ein Santería-Altar in einem Privathaus in Trinidad. Diese Glaubensvermischung, die entstand, um den afrikanischen Sklaven die Verehrung ihrer Götter unter dem Mantel der katholischen Heiligen zu ermöglichen, ist in Kuba noch heute sehr verbreitet.

198 MITTE Auch in den prächtigen neoklassizistischen Räumen des Museo Municipál, die der Familie Borrel gehörten, sind Möbel und Hausrat aus den Residenzen der Stadt ausgestellt.

198–199 Das Haus des Dominikaners, auch als „Haus des Krokodils" bekannt wegen des Reptils, das hier ausgestellt ist, gehört zu den interessantesten Häusern Trinidads, die als Museum genutzt werden.

200 OBEN Der Parque Honorato ist dem in Sancti Spiritus geborenen Helden des Aufstandes von 1868, Honorato del Castillo Cancio, gewidmet.

200 UNTEN LINKS Warten beim Schuhputzer. Sancti Spiritus ist nicht so berühmt wie das nahe Trinidad, aber es bietet einen Frieden, der andernorts fehlt.

Im geografischen Herzen Kubas gründeten die Spanier 1514 am Flusslauf des Tuinicú die Stadt Sancti Spiritus. Acht Jahre später wurde die Stadt an ihren heutigen Platz an den Ufern des Río Yayabo verlegt. Durch den Zuckerrohrhandel und die Ausbeutung afrikanischer Sklaven kam die Stadt schnell zu Reichtum. Trotz ihrer Abgelegenheit im Landesinneren wurde sie im 17. Jahrhundert von Piraten geplündert und erlitt das gleiche Schicksal wie unter anderem Trinidad und Camagüey in dieser Zeit. In den beiden Unabhängigkeitskriegen taten sich zwei Patrioten aus Sancti Spiritus hervor: Honorato del Castillo Cancio, gestorben 1869 im zweiten Kriegsjahr, und Serafín Sánchez, gefallen 1896. Diesen beiden Persönlichkeiten sind zwei *plazas* im Stadtzentrum gewidmet. Am Parque Sánchez, dem „Salon“ von Sancti Spiritus, stehen einige bemerkenswerte neoklassizistische Gebäude, eingebettet in die ruhige Atmosphäre, die für diese Stadt typisch ist. Sancti Spiritus war im administrativen Sinne bedeutender als Trinidad, besaß aber nicht dessen Bekanntheitsgrad. Gerade deshalb lieben es diejenigen Besucher, die überfüllte Städte meiden. Jedenfalls gibt es hier interessante Dinge zu sehen. Am Parque Honorato erhebt sich die Iglesia del Espíritu Sancto, die 1522 in Holz erbaut worden war, von Piraten zerstört wurde und im 17. Jahrhundert in Stein wieder aufgebaut wurde. Man sagt, dieser sakrale Bau, in dem eine herrliche, verzierte Decke erhalten ist, sei das älteste Bauwerk Kubas, das sich noch an seinem ursprünglichen Standort befindet.

Nahe der Kirche, in Richtung Río Yayabo, kommt man zu dem wunderbaren Museo de Arte Coloniál aus dem 17. Jahrhundert, wo Mobiliar und Hausrat aus der Kolonialzeit ausgestellt sind. Noch etwas weiter trifft man auf die gemauerten Arkaden der spanischen Brücke, die über den Yayabo führt und die älteste Brücke Kubas ist. Das liebliche Sancti Spiritus ist ein wahres Juwel der Ruhe.

SANCTI SPIRITUS

DIE STADT DER RUHE

200 UNTEN MITTE UND RECHTS Im Museo de Arte Coloniál von Sancti Spiritus findet man schöne Stücke wie diese Marmorbüsten und das wunderschöne Glasfenster.

201 OBEN Wie in Trinidad ließen auch in Sancti Spiritus die Restaurierungen vieler Häuser die ehemalige Eleganz wieder aufleben.

201 UNTEN Ein Nüsseverkäufer bietet seine Ware feil.

202 UND 203 Schattige Eingänge laden dazu ein, den geheimen Charme dieser kleinen Stadt fern der Zeit zu entdecken.

204 OBEN Dieses Glasbild aus dem Museo de Arte Coloniál ist ein treffendes Beispiel für den ausgewählten Geschmack, der die antike Aristokratie von Sancti Spiritus auszeichnete.

204 MITTE UND UNTEN UND 204–205 Der nach Serafín Sánchez, Held der beiden Unabhängigkeitskriege, benannte Platz ist von prächtigen neoklassizistischen Gebäuden umgeben.

103

Ursprünglich gehörte die heutige Provinz Camagüey zum Rechtsgebiet des antiken Villa de Santa María de Puerto Príncipe. Die anfangs in der Nähe der breiten Bucht von Nuevitas gelegene Stadt wurde aus militärischen Gründen weiter ins Landesinnere verlegt, fast in die Mitte der Provinz, zwischen die Flüsse Tínima und Hatibonico.

Der historische Stadtkern ist klein und verschlungen, mit vielen reizenden Plätzen. Sehr enge und verwinkelte Gassen sind erhalten, die der Stadt einen „maurischen" Zauber verleihen. Dieses Attribut gab ihr 1818 König Fernando VII. Die ländliche Gegend um Camagüey ist geprägt von weiten Ebenen und Savannen, die sich hervorragend zur Viehzucht umd zum Zuckerrohranbau eignen. Puerto Príncipe, das seinen Namen bis 1903 beibehielt, besaß nicht nur eine florierende Wirtschaft, sondern entwickelte auch eine lebendige Kultur der Literatur und der schönen Künste.

Das erste literarische Werk Kubas war *Espejo de Paciencia* („Spiegel der Geduld") von Silvestre de Balboa y Troya de Quesada, geboren auf Gran Canaria um 1563 und gestorben um 1649 in Puerto Príncipe. Das Werk behandelt in poetischer Form die historischen Ereignisse in Bayamo und Manzanillo, obwohl der Autor in Camagüey lebte, wo er 1621 das Amt des Notars des *Cabildo* (Stadtrat) bekleidete. Auch wenn die Schriften erst zwei Jahrhunderte später veröffentlicht wurden, beschreiben sie die bewegteste Vergangenheit der Kultur von Camagüey, eines der brillantesten Zentren der kubanischen *intellighenzia* des 19. Jahrhunderts. Die geniale Dichterin und Theaterschriftstellerin Gertrúdis Gómez de Avellaneda, die hier 1814 geboren wurde und 1873 in Madrid starb, erhielt 1860 den Lorbeer Havannas und wurde später eine der anerkannten, großen Persönlichkeiten der hispanischen Literatur des 19. Jahrhunderts.

CAMAGÜEY

DIE STADT DER GROSSEN AMPHOREN

206 Die Tradition der gedrechselten *rejas*, die auch in Camagüey verbreitet ist, geht auf das 16. bis 17. Jahrhundert zurück, auf den Anfang der Kolonialzeit.

207 OBEN Der Eklektizismus zu Beginn des 20. Jahrhunderts vermittelt die architektonische Vielfalt von Camagüey.

207 UNTEN Die Liebe zu floralem Dekor scheint die ganze Stadt zu beherrschen: Strassen, Architektur und sogar die Erinnerungen an die Revolution.

208 OBEN Camagüey ist auch für seine vielen Kirchen berühmt, die zwischen dem 18. und dem 19. Jahrhundert entstanden und mit interessanten Barockfresken ausgeschmückt sind.

208 UNTEN UND 209 Die Terrassen von Camagüey bieten die beste Aussicht auf die Glockentürme der Stadt. Vom Grand Hotel aus sieht man den imposanten Turm der Catedrál de Nuestra Señora de la Candelaria (unten), während man vom Teatro Guerrero auf Nuestra Señora de la Merced (rechts) blickt.

Die Architektur von Camagüey besitzt einige Besonderheiten, die der kubanische Professor und Architekt Joaquín Weiss eingehend unter dem Aspekt der Kolonialarchitektur untersuchte. Charakteristisch sind die verschiedenen Bögen in den Häusern und die voluminösen Keramikgefäße, genannt *tinajones* oder „große Amphoren", die in den weiten Höfen als Regenwasserbehälter aufgestellt sind. Sie halten das Wasser für den täglichen Gebrauch frisch und sauber. Diese Gefäße gaben der Stadt auch ihren Beinamen: *„Stadt der Amphoren"*.

Die Keramik von Camagüey ist für ihre Tonqualität, die Verarbeitung und die künstlerischen Ergebnisse bekannt. Die Skala der Erzeugnisse reicht von funktionellen Gebrauchsgegenständen bis hin zu Objekten, die ausschließlich schmückenden Charakter haben. Noch heute arbeiten die zeitgenössischen Töpfer von Camagüey (Künstler von internationalem Ruf wie Nazario Salazar) in ihren Ateliers mit traditionellen Techniken.

Aus kultureller Sicht interessant ist das Teatro Principál (19. Jh.) von Camagüey, Sitz der lokalen Ballettcompagnie, die von Fernando Alonso vor über 20 Jahren gegründet wurde. Sie sollte zeitgenössische Werke zur Aufführung bringen, aber zurzeit wird ihre alte, intellektuelle Spitzenstellung vor allem von der Institution der Provinzuniversität, einer der größten der Insel, aufgefrischt.

210 UND 211 RECHTS Camagüey feiert den ewigen Mythos des Revolutionshelden, in diesem Fall mit den Bildern zweier berühmter Opfer des Freiheitskampfes: Camilo Cienfuegos (links), der auf seinem Weg von Havanna zurück nach Camagüey starb, und natürlich Che Guevara.

211 RECHTS Dekorative Üppigkeit ist auch im „intellektuellen" Camagüey die Norm.

212 Ein Camagüeño widmet sich der Lektüre von *Juventud Rebelde*. Eines der positivsten Ergebnisse der Revolution war, dass jeder Kubaner das Recht auf unentgeltliche Ausbildung erhielt. Heute gibt es keine Analphabeten mehr in Kuba.

213 Ein junger Schüler in der typischen Schuluniform. Alle kubanischen Schulformen vermitteln vor allem nützliche technische und praktische Kenntnisse.

juventud rebelde
Regalo de la Revolución
para todos sus hijos

215 UNTEN Ein alter *campesiño* transportiert die Früchte seiner Arbeit. Das Pensionsalter der Kubaner ist relativ niedrig: 55 Jahre für Frauen, 60 für Männer. Doch wer es nötig hat, kann weiterarbeiten und erhält dafür einen Lohnausgleich.

214 UND 215 OBEN Intelligenter Zeitvertreib, besinnliche Gespräche und erträglicher Verkehr: Trotz der Grösse der Stadt scheint der Lebensrhythmus in Camagüey nie allzu hektisch zu sein.

SEPSA

PARTICULAR
UM·09174
CUBA

216 Baracoa fehlen vielleicht berühmte Bauwerke und Attraktionen – wie weisse Strände, die der Reichtum anderer kubanischer Städte sind –, aber seine Geschichte ist die älteste der Insel, und ein aufmerksamer Besucher wird ihren Charme schnell entdecken.

BARACOA

DIE ÄLTESTE STADT KUBAS

Fast im äußersten Nordosten Kubas, auf dem Territorium des Taino-*cacique* von Baracoa, gründete Diego Velázquez 1511 mit seinem kleinen Heer aus Eroberern Nuestra Señora de la Asunción, die erste Siedlung der neuen karibischen Kolonie. Vielleicht ist ihre Geschichte aber auch älter, denn in der Kathedrale wird das hölzerne Cruz de la Parra, eine der liebsten Reliquien Kubas, aufbewahrt, das angeblich von Christoph Kolumbus auf die Insel gebracht worden war.

Nuestra Señora de la Asunción de Baracoa diente als logistische Basis für die Expeditionen, die von hier aus die militärische Eroberung der Insel vollendeten. Später gründeten Velázquez de Cuéllar oder seine Beauftragten weitere sechs Kolonialstädte: San Salvador de Bayamo (1513), Santísima Trinidad (1514), San Cristóbal de la Habana (das erste Havanna, das 1514 an der Südküste entstand), Sancti Spiritus (1514); Santa María del Puerto Príncipe (1515) und Santiago de Cuba (1515). Alle Städte außer Baracoa und Santiago de Cuba wurden von ihren ursprünglichen Standorten verlegt. Nuestra Señora de la Asunción de Baracoa erhielt den Titel „Stadt des Primas“ von Kuba. 1516 forderte Velázquez de Cuéllar erfolgreich, dass der Diözesansitz des ersten katholischen Episkopats der Insel hier entstehen sollte. Dennoch wurde niemals eine Kathedrale errichtet, weil der erste designierte Bischof, Fra Bernardo de Mesa, es ablehnte, noch bevor er einen Fuß auf den Boden von Baracoa gesetzt hatte. Die Stadt lag zu weit von den Wirtschaftszentren entfernt, wo Kolonialhandel betrieben wurde. Der zweite Bischof von Kuba, Fra Juan de Wite, der sich auch nicht auf der Insel niederlassen wollte, forderte, den Diözesansitz und die Kathedrale nach Santiago zu verlegen. 1523 erhielt er hierfür die Erlaubnis. Die Ablehnung der Eingeborenen gegenüber den *conquistadores* machte aus Baracoa einen unsicheren Ort. Der Zugang vom Land her war wegen der widrigen *sierras* mit ihren dichten Tropenwäldern sehr schwierig. Neben den einfachen Verbindungen mit *La Española* auf dem Seeweg stellte diese Tatsache, die anfangs ein Vorteil für die spanische Angriffstaktik war, letztendlich ein ernsthaftes Hindernis dar, denn Baracoa konnte nicht in den Wirtschaftskreislauf des kubanischen Ostens eingebunden werden. Aus denselben Gründen blieb die Umgebung viele Jahrhunderte isoliert, und folglich stellt ihre Entwicklung einen Einzelfall in der Geschichte Kubas dar. Die

217 OBEN Das „Geheimnis“ von Baracoa ist seine geografische Abgelegenheit, die aus der ältesten Stadt Kubas einen besonderen Ort macht, vor allem in ethnischer und kultureller Hinsicht.

217 UNTEN Trinidad erhielt sich seinen kolonialen Charakter, Baracoa legte ihn ab. Hier atmet man mehr als andernorts die Atmosphäre längst vergangener Zeiten, und touristische Betriebsamkeit ist hier ein Fremdwort.

218 LINKS Der Malecón, die „Mole" von Baracoa am Kanal Sopravento ist den Meeresströmungen mehr ausgesetzt als der Malecón Havannas.

218 RECHTS Die 1512 erbaute, standhafte Kathedrale von Baracoa wurde im 17. Jahrhundert von Piraten geplündert. Sie ist die älteste Kirche Kubas.

218–219 Das ruhige Baracoa wird von dem unverwechselbaren Yunque, „Amboss", geprägt, eine natürliche Festung, in der vor der Ankunft der *Conquistadores* wahrscheinlich ein Kulturzentrum der Tainos untergebracht war. Vielleicht, aber die Hypothesen sind widersprüchlich, erwähnte Christoph Kolumbus diese Anhöhe in seinem Tagebuch mit den Worten: „[...] ein hoher Berg [...] ähnlich einer Insel."

Lösung dieser Probleme brachten in den Sechzigerjahren des vergangenen Jahrhunderts die Projekte der Revolutionsregierung, als zwei neue Straßen gebaut wurden: La Farola – ein Meisterwerk des Ingenieurwesens – und die Vía Mulata. All das erklärt, warum Baracoa eine der wenigen kubanischen Städte ist, die sich ihren Bezug zur ländlichen Umgebung und zur Natur erhielt. Typisch für diese Region ist ein besonderes Mikroklima (Bergregenwald), der die ländliche Gegend beeinflusst, die von Kokospalmenterrassen geprägt wird. Deren Schatten bietet kleineren Pflanzen wie Kaffeestauden Schutz. Alejo Carpentier, der berühmte kubanische Schriftsteller, schrieb in seinem Roman *La Consagración de la Primavera*, dass, wenn es in Baracoa regnet, es ununterbrochen regnet: „Sieben, acht oder zehn Tage lang, nicht heftig, ganz still vor sich hin ...". Hier ist es wie in Großbritannien. Während der Regenzeit gehört der Regenschirm zur täglichen Ausstattung.

Die von Flüssen wie dem tosenden Tao oder den ruhigen Duaba und Miel durchzogene Stadt ist klein, ohne nennenswerte Architektur, und wird vom Gipfel des Yunque de Baracoa, einer Anhöhe in Form eines Ambosses, überragt.

In einer städtischen Enklave nahe dem großen Strand beziehungsweise der weiten Bucht entstand der Hafen von Baracoa, die schnellste und effizienteste Verbindung für den Handel mit dem übrigen Land und anderen Häfen der Antillen und der Vereinigten Staaten, bis dann in den ersten Jahrzehnten des 20. Jahrhunderts der kleine Flughafen gebaut wurde. Bis dahin waren die Luftwege auf die Antillen und Santiago de Cuba beschränkt. Die Bewohner von Baracoa gehörten zu den wenigen Kubanern, die es gewöhnt waren, mit Fremden Handel zu treiben und Kontakt zu pflegen, weil sie wegen Geschäften, Studien oder aus Gesundheitsgründen häufig in größere Städte reisten.

Die Kultur von Baracoa ist außerordentlich reich. Die Eingeborenenstätten, die derzeit erforscht werden, haben auch für andere karibische Länder einen hohen archäologischen Wert. Die lokalen Funde werden in der alten Festung aus der Kolonialzeit in Matachín ausgestellt, die heute ein Museum ist. Die populäre Musik im Troubadourstil ist stolz auf ihre charakteristischen Rhythmen und die Melodien ihrer Kompositionen, vor allem auf *La Baracoesa*.

Bereichert wird dieses folkloristische, kulturelle und farbenfrohe Bild vom traditionellen Handwerk, das Produkte aus Palm- oder Kokosblättern anbietet, die mit den alten Techniken der Eingeborenen hergestellt werden. Aus diesen Rohstoffen schaffen die lokalen Handwerksmeister Hütten aus Holz und Zweigen (*bohíos*), Hüte, Pantoffeln, Matten, Körbe und weitere Gegenstände, die zum Hausrat der Bauern gehören, aber auch nette Erinnerungen für Besucher sein können.

220 Die schöne Treppe in der zentralen Calle Padre Pico ist eine Art „Plattform", wo sich die Einwohner Santiagos häufig treffen.

221 OBEN LINKS Ein *Mural* mit für Kuba seltenem Thema. Santiago ist offensichtlich stolz auf seine reiche Kirchengeschichte.

SANTIAGO

DIE HEROISCHE STADT

Die letzte der von Diego Velázquez de Cuéllar selbst gegründeten Städte ist Santiago de Cuba. Sie entstand in wenigen Jahren, 1518–1523, wurde während der spanischen Herrschaft zur zweiten Hauptstadt und ersetzte als solche Nuestra Señora de la Asunción de Baracoa. Ihr erster Gouverneur war der *Adelantado* Velázquez de Cuéllar selbst. Diesen Vorzug behielt die Stadt etwa 30 Jahre lang, bis durch neue Wirtschaftswege und die spanische Politik San Cristóbal de la Habana zur wichtigeren Stadt auf der Insel aufstieg. Bei der ersten territorialen Teilung der Kolonie blieb Santiago jedoch die Hauptstadt des östlichen Verwaltungsbezirks. Die herrliche Bucht, in welcher die Stadt lag, mit für die Verteidigung geeigneten Anhöhen, diente als Verschiffungshafen für Metalle – Gold und Kupfer –, die in Baracoa, Bayamo und Santiago del Prado abgebaut worden waren. In der Residenz des Gouverneurs Diego Velázquez de Cuéllar werden noch heute die Überreste der dritten Gießerei der Insel aufbewahrt. Die von den Indios mit Sieben aus den Flüssen oder in den Gruben für den König von Spanien gewonnenen Edelmetalle wurden in dieser Gießerei zu Barren gegossen. Das wegen seiner topografischen Vielfalt malerische Santiago de Cuba wurde zum Sitz der neuen katholischen Diözese, und ab Mitte des 16. Jahrhunderts entstand hier, am Rande des Waffenplatzes, die Kathedrale. Die Naturphänomene – Orkane und Erdbeben –, die von Zeit zu Zeit über die Stadt hereinbrachen, führten notwendigerweise zu Auf- und Umbauten der Kirche, bis sie 1922, als sie bereits zur Erzdiözese und Kirche des Metropoliten erhoben worden war, ihre heutige Form erhielt.

Die reiche Kirchengeschichte von Santiago de Cuba kann man im Museum neben der Kathedrale studieren. Die wertvollen Dokumente enthalten die Bildnisse der ersten Bischöfe Kubas und der Erzbischöfe, die ab dem Ende des 18. Jahrhunderts dieser wichtigen Erzdiözese vorstanden.

221 OBEN MITTE Die Kuppel der Kathedrale geht auf die letzte Restaurierung im Jahr 1922 zurück.

221 OBEN RECHTS Das von dem Italiener G. B. Antonelli entworfene Castillo del Morro beherrscht den Osten der Bucht von Santiago.

221 UNTEN Nuestra Señora del Cobre ist nach den Kupferminen benannt (*cobre* = Kupfer), wo die afrikanischen Sklaven arbeiteten.

222 OBEN Die Architektur Santiagos unterstreicht seine Bedeutung als jahrhundertelang zweite Hauptstadt der Insel.

222 UNTEN
Die Kathedrale von Santiago, gekrönt vom Verkündigungsengel, wurde mehrmals durch Erdbeben beschädigt, die diese Gegend ab und zu heimsuchen.

222–223 Die Bauwerke Santiagos sind wirklich beachtenswert, wie die Fassaden des Museo Bacardí und des Rathauses, die beide gekonnt restauriert wurden, beweisen.

Die Pfarrkirchen Santiagos mit herrlichen Barockaltären sind aus architektonischer Sicht weiter entwickelt als die Sakralbauten Havannas. Außerdem stellen die flexiblen, erdbebensicheren Bauten der Stadt, ähnlich derer von Bayamo, historische Vorläufer dieser Konstruktionen in Erdbebengebieten dar.

Die Virgen de la Caridad in der Nipe-Bucht an der nördlichen Küste Ostkubas erhöhte die Bedeutung Santiagos in der Kirchengeschichte des Landes noch. Das kleine Bildnis wurde alsbald in die Pfarrkirche der Bergbaustadt Santiago del Padro gebracht, die zur Diözese von Santiago de Cuba gehörte. Später dann erhielt sie ihren Standort in einer Kapelle auf einem Hügel, der die Kupfermine und die Hütten überragte, in welchen die Sklaven des Königs schliefen. Sie waren aus Afrika nach Kuba gebracht worden, um die harten Arbeiten in den Gruben zu verrichten. Auch Indios, die andere Arbeiten ausführten, hatten hier ihre Hütten. Der Glaube an die Virgen de la Caridad breitete sich schnell bei den Eingeborenen, den Afrikanern, den Kreolen – Sklaven oder freien Menschen – und den Mestizen aus, so dass Pilgerreisen zu diesem heiligen Ort (der ab dem 17. Jahrhundert den Namen „Einsiedelei der Virgen de la Caridad de El Cobre" hatte) von Bayamo, Jiguaní, Manzanilla und anderen Städten der Region organisiert wurden. Innerhalb kurzer Zeit wurde die Marienverehrung eine regionale religiöse Tradition im Rechtsgebiet Santiagos. Während der Unabhängigkeitskriege galt die Virgen de la Caridad und insbesondere die von „El Cobre" als „Jungfrau *mambisa*" (das heißt der *„mambi"*, der Kubaner, die sich gegen Spanien erhoben hatte), weil diese für die Freiheit Kubas kämpften. 1916 erklärte sie Papst Benedikt XV. auf Wunsch der Veteranen der Befreiungsarmee zur „Patronin der Republik Kuba". Die Verehrung des Bildes der Virgen de la Caridad y los Remedios, das von dem Kreolen Juan Moreno, Sklave des Königs, und den Eingeborenen Juan und Rodrigo de Hoyos aus den Wassern geborgen worden war, wird von Don Fernando Ortoz und anderen großen Historiografen als das Typischste für Kuba angesehen.

Ein wunderbares Beispiel für die religiöse Architektur des nüchternen Eklektizismus ist die kleinere Basilika El Cobre, die in der vierten Dekade des vergangenen Jahrhunderts entstand.

MOREAV
ACIO PROVINCIAL

Der Bau der von Gian Battista Antonelli geplanten Festung San Pedro de la Roca, die sich auf dem höchsten Punkt des Kaps erhebt, das die Bucht und den Hafen überragt, war ein gigantisches Werk des militärischen Ingenieurwesens. Die Festung, die um 1690 fertig gestellt worden war und vor kurzem Weltkulturerbe wurde, war Teil eines großen Verteidigungskomplexes, zu welchem auch La Punta, La Estrella, Santa Catalina und San Francisco gehörten. Zwischen Ende des 18. Jahrhunderts und den ersten Jahrzehnten des 19. Jahrhunderts erlebte Santiago de Cuba eine Einwanderungswelle – besonders von Weißen und Mulatten –, weil es in der französischen Karibik (zum Beispiel wegen der Unabhängigkeit Haitis) zu Revolutionen kam und in den ehemaligen spanischen Kolonien Amerikas Sezessionskriege wüteten.

Der kulturelle, französische Einfluss betraf nicht nur den Aufschwung beim Anbau von Kaffee und Zucker, sondern brachte Santiago auch die neoklassizistische Architektur und bereicherte die Stadt beachtlich. Auch in die abgelegensten Bergregionen, wo Franzosen in ländlichen Residenzen zwischen den Kaffeeplantagen wohnten, kam die neue Zivilisation, die viel fortschrittlicher war als die spanische. Kürzlich wurden die Ruinen dieser Residenzen und deren Umgebung zum Weltkulturerbe ernannt. Die Unabhängigkeitskriege zwischen 1868 und 1898, die nur von kurzen Friedenszeiten unterbrochen wurden, ließen Santiago und die Dörfer im Osten verarmen. Die Modernisierung der Stadt – die zu den rebellischsten im Konflikt mit den Kolonialherren gehörte – wurde durch den Bau neuer Befestigungen unterbrochen und dann erst im späten 20. Jahrhundert realisiert.

Die Seeschlacht zwischen den nordamerikanisch-kubanischen Streitkräften und den spanischen – ein Ereignis, das für das Ende der bewaffneten Übergriffe entscheidend war – fand Mitte des Jahres 1898 in der Bucht von Santiago und in den angrenzenden Gegenden statt. Diese Episode trug zusammen mit der Belagerung der Stadt zu ihrem Untergang bei.

Die Republik Kuba, die 1902 allgemein als nationale Regierung anerkannt worden war, galt wegen ihrer verfassungsrechtlichen Grenzen und ihrer Abhängigkeit von den nordamerikanischen Interessen als „neokolo-

224 DER HELD DER BEIDEN UNABHÄNGIGKEITSKRIEGE ANTONIO MACEO WIRD MIT EINEM BEEINDRUCKENDEN REITERSTANDBILD AUF DER PLAZA DE LA REVOLUCIÓN GEEHRT.

225 ERINNERUNG AN VERGANGENE KONFLIKTE: OBEN DIE VON EINSCHÜSSEN DURCHLÖCHERTE FASSADE DER MONCADA-KASERNE, UNTEN DIE HISPANISCHEN KANONEN DES CASTILLO DEL MORRO.

226–227 NEBEN DEN MONUMENTALEN BAUTEN IM ZENTRUM UND DEN MODERNEN, NACH DER REVOLUTION ERBAUTEN GEBÄUDEN GIBT ES IN SANTIAGO DIE ÜBLICHEN WOHNVIERTEL, WO GESICHTER UND FARBEN MEHR DEM TYPISCHEN KUBA ENTSPRECHEN.

nial". Dennoch war sie für Santiago eine Garantie für absoluten Zentralismus, eine administrative Vormachtstellung (noch heute ist sie die zweite Hauptstadt Kubas) und auch für die Fortsetzung der Beziehungen zu den übrigen Städten des Landes.

Im 20. Jahrhundert wurde die Rekonstruktion der Stadt abgeschlossen. Plätze und Parks waren verschönert worden, die Architektur war relativ modern (in einigen Fällen, wie beim Museo Emilio Bacardí, mit Anlehnung an Monumentalbauten), und es waren prächtige Residenzen in den wenigen Vierteln entstanden, wo die städtische Bourgeoisie lebte, wie in Vista Alegra.

Santiago de Cuba ist auch als die „heroische Stadt Kubas" bekannt. Ihr patriotischer Beitrag zum Befreiungskampf des Landes, zu den Revolten gegen die Sklaverei in den Minen von *El Cobre* und zum bewaffneten Aufstand gegen die Diktatur von Fulgencio Batista war heldenhaft. Dieser begann mit dem Sturm auf die Moncada am 26. Juli 1953. Auch die Kämpfe, vor allem in der Sierra Maestra, im Westen der Stadt, wurden unterstützt und konnten auf die Hilfe des Großteils der städtischen und ländlichen Bevölkerung bauen. Die Plaza de la Revolución Mayor General Antonio Maceo y Grajales, einer der größten Plätze der Stadt, wird von dem riesigen Reiterstandbild dieses beispielhaften Patrioten beherrscht.

228–229 UND 228 UNTEN IN DEN HAFENVIERTELN HERRSCHT IMMER HEKTISCHE BETRIEBSAMKEIT. WEGEN DER GÜNSTIGEN LAGE AN EINER TIEFEN BUCHT IST SANTIAGO EIN WICHTIGER VERKEHRSKNOTENPUNKT. VERSCHIEDENE TYPISCHE PRODUKTE WIE RUM, ZUCKERROHR UND TABAK WERDEN IN HALLEN HINTER DER ANLEGESTELLE GELAGERT (UNTEN).

229 UNTEN *MURALES* IN DER ZENTRALEN CALLE HEREDIA: WO EIN POLITISCHER INHALT FEHLT, DRÜCKT SICH DIE VOLKSKUNST FREI UND OFT SEHR ANSPRECHEND AUS.

DE

HOSPITALARIA HOY HEROICA SIEMPRE

OS
DEL PART
LA REVO

DIE SEELE KUBAS

CIRCULO
INFANTIL

230, 231 UND 233 Die kubanische Bevölkerung ist das Ergebnis aus Mischungen der Einwanderer, die im Laufe von fünf Jahrhunderten nacheinander hier ankamen. Circa 30 Prozent sind Schwarze und Mulatten, deren Zahl dank steigender Mischehen und dank gleicher Rechte für Schwarze und Weisse zunimmt.

232 OBEN Das engmaschige Schulsystem ist einer der postrevolutionären Erfolge: Das Phänomen der *niños de rua* (Strassenkinder) ist auf der Insel praktisch unbekannt.

232 UNTEN Baseballspiel in Havanna: Diesem ausgesprochen amerikanischen Sport wird in Kuba leidenschaftlich gefrönt.

DIE SEELE KUBAS

Die Insel Kuba - die „Perle der Antillen" - und die kleinen Inseln ihres Archipels zählen über elf Millionen Einwohner. Die Hälfte sind Afroamerikaner, Nachkommen der Sklaven, die zwischen dem 18. Jahrhundert und dem Beginn des 19. Jahrhunderts von den Spaniern aus Westafrika nach Kuba deportiert worden waren. Es leben auch einige Asiaten hier (vor allem Chinesen und einige Japaner), die Ende des 19. Jahrhunderts als Vertragsarbeiter hierher kamen. 1492, als Kolumbus auf der Insel landete, waren die ersten Bewohner, Angehörige der Stämme Guanahatabey und Ciboney, fast komplett den Tainos (Angehörige des Stammes Arawak) unterworfen, die dann ihrerseits innerhalb eines halben Jahrhunderts von der spanischen Übermacht vernichtet wurden.

Aus historischer Sicht ist die Rassendiskriminierung Teil der kubanischen Realität. Die Weißen, Nachkommen der Spanier und gewohnt, nur untereinander zu heiraten, stellten die politische und herrschende Klasse und besaßen die wirtschaftliche Macht, während die Afrokubaner die Arbeiterklasse vertraten. Die sozio-ökonomischen Unterschiede waren klar abgegrenzt, wobei die hellhäutigeren Schwarzen bessere soziale Möglichkeiten hatten als die dunkelhäutig geborenen. Eines der lobenswerten Ziele der Castro-Revolution war sicherlich die Abschaffung der Diskriminierungen. Es gab große Fortschritte auf dem Gebiet des Schulbesuchs und auch in der Arbeitswelt, aber ganz ausgerottet ist die Diskriminierung nicht: In der sozio-ökonomischen Oberschicht sind die Afrokubaner noch immer unterrepräsentiert. Eine wichtige Regierungsinitiative ist die Anerkennung des afrokubanischen Beitrags zum Leben der Nation. Diese Initiative vermittelt der afrikanischen Bevölkerung Kubas einen neuen Stolz. Die soziale Integration hat heute ein nie dagewesenes Niveau erreicht.

Während der Revolution zogen die landwirtschaftliche Mechanisierung, der Ausbau der Schulen, die Schaffung eines Krankenhaussystems (Polikliniken) und die Kinderbetreuung (*círculos infantiles*) sowie die Aufstockung der Armee (darunter auch *milicianas*) und die Entwicklung neuer Industriezweige (u.a. Pharmazie und Biotechnologie) viele *campesiños* in die Städte. Mischehen und chronischer Wohnungsmangel führten zu einem Anstieg der Rassenvermischung.

Wie alle großen politischen Umwälzungen konnte auch die Revolution Castros nicht halten, was sie versprochen hatte. Die Taten des

ersten Jahrzehnts der Revolution waren aus dem Stolz geboren. Die Invasion der Schweinebucht im April 1961 war vereitelt worden, und die Missiles-Krise im Oktober 1962 wurde erfolgreich gelöst. Man machte große Fortschritte bei Ausbildung und bei Verbesserungen des sanitären Sektors – Initiativen, die dem Castro-Regime großen Zuspruch einbrachten. Doch gleichzeitig emigrierte ein Großteil der Oberschicht, während die Verstaatlichung von Landwirtschaft und Industrie und der Einstellungsstopp privater Unternehmen den Lebensstandard von Millionen Kubanern ruinierten. Dazu kam noch das harte Wirtschaftsembargo Amerikas. In den Siebzigerjahren des vergangenen Jahrhunderts stand ein allgemeines Stabilitätsgefühl und eine leichte Verbesserung der Lebensbedingungen im klaren Gegensatz zum offensichtlichen Verfall der Infrastruktur und der Produktivität des Landes. Die unverzichtbaren Investitionen für die Verbesserung in einem Sektor führten unweigerlich zu Schäden in einem anderen Sektor. 1980 schifften sich vom Dorf Mariel an der Nordküste über

234 Die Üppigkeit und Anmut der Natur, die Wärme und die Farben der Tropen scheinen sich auf die Inselbewohner zu übertragen, die lebhaft, aktiv und überschwänglich sind.

235 Das 1931 eröffnete *Tropicana* war auch während der Revolution geöffnet. Es bietet einen Blick ausserhalb der Schemen auf den Geist Kubas und der Kubaner, auf diese Vitalität, die nicht einmal die Stürme der Geschichte bremsen konnte.

DIE SEELE KUBAS

125.000 Kubaner ein, um die Insel zu verlassen. Sie fürchteten die Tücken des Ozeans nicht; seit dieser Zeit verließen viele Menschen auf diesem Weg das Land.

Nach dem Zusammenbruch der UdSSR und der kommunistischen Blockstaaten nahmen die Schwierigkeiten noch zu. Aber trotz schlechterer Lebensbedingungen sind die meisten Kubaner voller Freude, verstehen es, ihr Leben zu genießen und machen sich nichts aus Nahrungsmittelknappheit und dem Verfall der Wohnungen. Das Leben ist weiter von der Sonne beschienen, die Strände locken weiterhin mit herrlich goldenem Sand und kristallklaren Wellen, die Blumen blühen und die Kinder lachen und spielen. Das Gesundheitswesen funktioniert weiterhin gut, Unterernährung ist selten und das kulturelle Leben äußerst lebendig, sogar in kleinen Städten. So oder so arrangiert man sich; die Kubaner wurden Meister des *resolviendo*, der Fähigkeit Probleme zu lösen. Arbeit zu finden kann ein Problem sein, Benzinknappheit führt zu überfüllten Zügen und Bussen, unregelmäßige Lieferungen verursachen lange Warteschlangen vor den Läden – immer die Lebensmittelmarken in der Hand. Eine Lockerung der Gesetze erlaubt es heute, kleine Ländereien zu besitzen und zu bearbeiten, und auch ein begrenztes privates Unternehmertum ist wieder möglich. Trotz seiner Isolierung wurde Kuba nicht vergessen: Die Unesco ernannte Habana Vieja (das historische Zentrum Havannas) zum Weltkulturerbe, und seine Restaurierung schreitet trotz der Schäden des jüngsten Orkans fort. Die politischen Beziehungen zwischen Kuba und den anderen Ländern (ausgenommen die USA) normalisieren sich und beträchtliche Investitionen sind in Sicht.

Der Tourismus, zurzeit der größte Wirtschaftssektor der Insel, wird in wenigen Jahren zwei Millionen Besucher zählen, die wertvolle Devisen in Höhe von etwa zwei Milliarden Dollar ins Land bringen werden. Dies hat verschiedene Auswirkungen: Für die Jugendlichen bringen die Ausländer neue kulturelle Modelle und leicht verdientes Geld. Es entsteht eine Subkultur aus *jiniteros* und *jiniteras*, was so viel wie ‚Joker" bedeutet. Das bezeichnet diejenigen, die bereit sind, die Wünsche der Touristen nach jeder Art Vergnügen zu stillen. Die viel kritisierte käufliche Liebe ist ein Teil dieser neuen Subkultur und unterwandert die Ethik des „*nuevo hombre*", den die Revolution gebar. Wie auch immer, das Leben der meisten Kubaner hat sich nicht geändert. Ihre Lebenskunst besteht darin, die kleinen, kostenlosen Freuden genießen zu können, wie zum Beispiel durch die Cafés zu bummeln, Baseballspiele zu besuchen oder den Bands in Parks und auf Plätzen zuzuhören. „Fidel ist alt", sagen sie – „und er wird nicht ewig leben."

237 OBEN Die Kreativität der Musiker Kubas bewegt sich seit ewigen Zeiten zwischen dem Körperbewusstsein afrikanischer Rhythmen und der melancholischen Spiritualität ihres hispanischen Erbes: Links ein *Salsa*-Gitarrist in Trinidad; in der Mitte eine afrokubanische Folkloregruppe in Varadero; rechts ein *Son*-Orchester in Santiago, der Wahlheimat der *Trova*.

KUBAS RHYTHMEN

UND KLÄNGE

Der wichtigste Beitrag Kubas zur populären Kulur ist die Musik und der Tanz – Gaben, welche die kubanische Seele weiterhin großzügig gibt und die ein wahrhaft einmaliges Erbe sind. José Martí (1853–1895), der große kubanische Schriftsteller und Revolutionär, sprach von den „beiden Frühlingszeiten" der Kultur Kubas, dem afrokubanischen und dem spanischen Frühling. Der Historiker und Anthropologe Fernando Ortiz (1881–1969) hingegen sprach von der „Liebesgeschichte zwischen der spanischen Gitarre und der afrikanischen Trommel". Dies schuf von einem Jahrhundert den Klang, der beide musikalischen Erbe in sich vereint. Die Rumba nützt die Percussion und die Rhythmen der afrokubanischen Tänze gleichermaßen. Nie gab es etwas Statisches in der kubanischen Musik, die sich konstant entwickelte und heute mit Rhythmen wie dem Mambo und dem Cha-cha-cha Teil der Weltkultur ist.

In der Ära Batistas, vor 1959, war das Beste der kubanischen Musik – Son, Jazz und andere typisch kubanische Musikformen – in Europa und Amerika sehr populär. Gleichzeitig wurden viele Lieder der alltäglichen (oder besser allnächtlichen) Musik Havannas und anderer kubanischer Städte in den Nachtclubs für die tanzbegeisterten Touristen gespielt. *Guantanamera* war hierfür ein Beispiel: Die musikalische Qualität war nicht so wichtig, die Melodie musste ins Ohr gehen. Mit der Revolution wurde „Kultur" zu einer Waffe der Politik: Musik und Tanz wurden benutzt, um das Beste vergangener Zeiten zu beschwören und den Nationalstolz zu wecken.

Die Aufführung des Films und die CD von *Buena Vista Social Club* gab der prärevolutionären Musik neue Impulse. An dem Schauspiel beteiligten sich Ruben Gonzales, Ibrahim Ferrer, Eliades Ochoa, Omara Portuondo, Benito Suarez, Barbarito Torres, Roberto Garzón, Compay Segundo, Amadito Valdás und weitere bedeutende Künstler, deren Interpretationen unterschiedliche Musikgenres umfassen. Zu den berühmten Künstlern vor der Revolution zählen Pedro Luís Ferrer, bekannt für die Texte sozialkritischer Lieder, Enrique Jorrin, bekannt für Lieder im Cha-cha-cha-Rhythmus, der verstorbene Beny Moré („El Bárbaro del Ritmo") und Celia Cruz, die Salsasängerin, die ins Exil ging.

236 In einer Strasse Santiagos erklingt das Spiel eines einsamen Gitarristen. Die Verbreitung der Musik unter der Bevölkerung ist eines der auffallendsten Charakteristika des Geistes, der die Isla Grande erfüllt.

237 UNTEN Ein Student übt auf einer Terrasse des Istituto Superior de Arte, das 1961 in Cubanacán, einem grünen Vorort Havannas, gegründet wurde.

238 Musik im Salsa-Club von Santiago de Cuba. Das spanische Wort *salsa*, „scharfe Sosse“, spielt ganz offensichtlich auf die „Hitze“ des Rhythmus und auf seine gemischten musikalischen Einflüsse an, die von Bolero bis Mambo reichen.

239 Die Trommler einer Tanzschule in Santiago (oben) spielen eine Rumba, das afrikanischste Genre der kubanischen Musik. Die Gruppe in einem Lokal in Trinidad (unten) gibt *son* zum besten, den typischsten kubanischen Musikstil.

Die Revolution machte das Duo Silvio Rodríguez und Pablo Milanés bekannt, deren Stücke, die so genannten „*nueva trova*“ (neue Balladen), großen und anhaltenden Erfolg hatten. In den Achtzigerjahren begann der Aufstieg von Carlos Varala, dessen Lieder ziemlich sozialkritisch waren. In jüngster Zeit erobert die Salsa in moderner Version die Charts: Zu den berühmtesten Gruppen gehören die ewig jungen Los Van Van und Issac Delgado. Sehr geschätzt wird auch die eklektizistische Jazzband Irakene, die auf lokale und ausländische Traditionen zurückgreift. Weitere berühmte Künstler sind Carmen Flores, Carmen Gonzalez, Selma Reis, Omar Sosa und Bebo Valdés. Zu den bekanntesten Bands zählen das Cuarteto Caridad Hierrozuelo, das Septeto Cubanas, das Septeto Nacionál Ignacio Pineira und Conjunto Casino.

Die Regierung Castros gründete Mitte der Fünfzigerjahre das Nationale Musikinstitut und unternahm damit einen ernsthaften Versuch das reiche, musikalische Erbe Kubas zu erhalten. Im Laufe der Fünfzigerjahre entstand der Conjunto Nacionál Folklórico, der dazu beitrug, die afrokubanische Musik bekannt zu machen, einschließlich der traditionellen Yoruba-Musik, die bei den *santería*-Riten erklingt. Es gibt keine Gefahr, dass die kubanische Musik untergehen könnte: Sie fließt in den Adern der Kubaner. Jede Stadt hat ihre *casa de la trova* (Musikhalle) und Karneval, und von Bands (*comparsas*) begleitete Prozessionen halten die Verbindung zwischen Musikern und Zuhörern wach.

Auch der Tanz spielt eine vorrangige Rolle im künstlerischen Leben Kubas. Zur Zeit der Revolution erreichte der Tanz sein hohes Niveau, das er übrigens bis heute bewahrte. Ein Großteil dieses Verdienstes gebührt dem Tanzpaar Alonso. Fernando Alonso und seine Frau Alicia, eine großartige Tanzlehrerin, gründeten in den Fünfzigerjahren in Havanna eine innovative Tanzschule. Die beiden Künstler unterstützten es, dass alle Kinder das Tanzen schon in jungen Jahren lernen sollten, denn der Tanz sei eine befreiende Erfahrung, wodurch sich die gesamte Persönlichkeit entfalte. Vor der Revolution war Alicia Alonso Primaballerina der Ballettcompagnie Kubas, und später leitete sie die neue Compagnie des Ballet Nacionál de Cuba. Um das klassische Repertoire nicht zu vernachlässigen, brachte die Compagnie moderne Tanzstücke auf die Bühne und sorgte auch für die Uraufführungen der sehr politischen Balletts von Alberto Alonso, darunter *Vietnam: Die Lektion* und *Conjugación*, das Leben und Tod Che Guevaras erzählt.

Im Pantheon der prärevolutionären kubanischen Schriftsteller findet man José Martí, Nicolás Guillén und Fernando Ortiz, drei Autoren, welche die Grenzen, in denen das Volk lebte, erkannten und – dank der Gaben der Kubaner – an eine bessere Zukunft glaubten. Die zeitgenössischen Schriftsteller begannen damit, sich gegen die Zensur aufzulehnen. Die beiden Giganten der Literatur Alejo Carpentier (1904–1980, bekannt durch *Explosion in einer Kathedrale*, ein Roman voller Besonderheiten über das Leben in der Karibik des 18. Jahrhunderts, und durch das Buch *Staatsraison*, das den Untergang eines Diktators beschreibt), und Guillermo Cabrera Infante (geboren 1929, Autor des zauberhaften Schelmenstücks *Drei Tiger in der Falle* und von *Infantes Inferno*) gingen ins Exil. Die Dichter Heberto Padilla und Armanda Valladeres wurden beide Opfer von Castros Zensur. Zu den aufsteigenden Schriftstellern (viele leben im Ausland) gehören Aufsehen erregende Persönlichkeiten wie der polemische Reinaldo Arenas, der Romancier Antonio Benitez Rojo und der Dichter Miguel Barnet. Aber es gibt noch viele talentierte Autoren – leider zu viele, um sie in diesem Buch alle aufzuzählen.

Música

240 In Kuba ist der Tanz nicht einfach Zeitvertreib, sondern eine in der Kultur des Landes verwurzelte wesentliche Beschäftigung, die man in speziellen Schulen erlernt – und oft auch eine optimale Arbeitsgelegenheit. Das Bild zeigt einen Tänzer des *Tropicana* in Havanna, der sich in einer eindrucksvollen Pose darstellt.

241 Oben übt das Ballet Nacionál für eine Aufführung im Gran Teatro von Havanna. Unten tanzen die Eleven der 6. Klasse der Ballettschule für Gäste des Washington Ballet.

242 und 243 Tänzerinnen und *conga*-Spieler bei der Eröffnungsparade des Karnevals in Havanna. Der Karneval ist seiner Natur nach die perfekte Verbindung zwischen Musik, Tanz und heidnischer Mystik, Grundzüge der Lebenskraft Kubas.

244–245 Der kubanische Karneval ist fröhlich und laut, wie es die lateinamerikanische Tradition verlangt.

246–247 Trugbilder aus Farbe und Licht erhellen die Nacht in Havanna während des Karnevals, der von den Bewohnern leidenschaftlich verfolgt und gestaltet und von den Ausländern sehr geschätzt wird.

249 OBEN Die afrokubanischen Religionen leben in der Spiritualität eines guten Teils der Bevölkerung, unabhängig von Abstammung und sozialem Status. Links: *murales* in Havanna mit religiösen Symbolen; in der Mitte: rot und schwarz sind die Farben von Elegguá, der Gottheit (*orisha*) der Zukunft; rechts ein Blutopfer bei einem Ritual.

DIE SANTERÍA

DAS EXIL DER AFRIKANISCHEN GÖTTER

Für viele bedeutet der Terminus „*santería*", genauso wie „*voodoo*", exotische und farbige Riten aus Abenteuerfilmen in der Mitte der Fünfzigerjahre, als die Individualreisen zunahmen und man sich mehr um den Inhalt der Reportagen kümmerte. Die *santería* kann man als einen Kult beschreiben, in dem afrikanische Gottheiten mit katholischen Heiligen in christlichen Ritualen verschmelzen. Aber das ist es nicht allein: Die *santería* besitzt auch besondere (und oft wenig katholische) Riten, die außerhalb der Kirchen zelebriert werden.

Die *santería* entstand und entwickelte sich im Kontext zur Entwicklung Kubas. Die Unglücklichen, die von den Spaniern aus Westafrika in die karibischen und amerikanischen Kolonien deportiert wurden, brachten ihren eigenen religiösen Kult mit, den die Herren wie eine Bedrohung benutzten, um die zahlenmäßig überlegenen Sklaven zu kontrollieren. Es gab viele Versuche, die Afrikaner zur Aufgabe ihrer alten Glaubensgrundsätze zu zwingen und katholisch zu werden, aber ohne dauerhafte Erfolge. Hingegen begann ein unvorhergesehenes Phänomen aufzutauchen: Die Afrokubaner machten die berühmtesten Heiligen ihrer Herren zur christlichen Version ihrer Stammesgottheiten.

Der Glaube und die Gottheiten sind nie gleich oder austauschbar, denn es gibt keinen Schlüssel, um jede Gottheit dieses doppelten Pantheons endgültig zu interpretieren. Alles hängt im Wesentlichen von der ursprünglichen Gemeinschaft und Kultur ab und ist ein Element, das die tyrannischen Gesetze des Sklavenmarktes verwischten, weil sie die Afrokubaner zu Vermischungen zwangen, die zu Hochzeiten zwischen den Mitgliedern verschiedener Stämme führten. Nach der Abschaffung der Sklaverei 1866 und mit der zunehmenden Urbanisierung im 20. Jahrhundert schufen deshalb die Afrokubaner, die engen Kontakt zur spanischen Bevölkerung und zum städtischen Katholizismus eingegangen waren, die *santería*, einen „zusammengesetzten" oder „gemischten" Kult.

Die meisten nach Kuba deportierten Afrikaner gehörten ursprünglich zu den Yoruba (aus Nigeria) und den Arará (aus Dahomey). Deshalb waren es deren Stammesgottheiten und Dialek-

248 Die personifizierte Yemayá, weibliche *orisha* der Mutterschaft und der Meere, erkennt man an den Farben blau und weiss. Sie tanzt nach dem Rhythmus einer Trommel in einer Wohnung in Guanabacoa.

249 UNTEN Ein betagter Anhänger der Regla de Ocha hält eine Statue der heiligen Barbara, oder besser von Changó, dem weiss-roten Gott des Feuers und des Krieges, in der Hand.

250 In der Kirche Nuestra Señora de la Merced in Habana Vieja gibt es am Tag der Jungfrau eine Zeremonie. Mit dieser Gestalt der katholischen Kirche wird Obatalá, der androgyne Schöpfer, der auch mit Christus in Beziehung steht, assoziiert.

251 In der santería, oder genauer in der Regla de Ocha, sind Zwillinge heilig. Diese beiden Kinder warten auf den Beginn der Liturgie in der Kirche von El Rincón an der südlichen Peripherie Havannas. Dieser Ort steht in Zusammenhang mit Babalú Ayé (heiliger Lazarus), der *orisha*, die Krankheiten vertreibt und Heilung bringt.

te, die bei der Namensgebung der katholischen *santos* und bei der Entwicklung der *santería* ausschlaggebend waren. Der mächtigste und gefürchtetste Gott ist Olofi, der unaussprechlich große Ursprung aller Kreaturen, den man nur über die vier großen *orisha* (Gottheiten) Changó, Obbatalá, Oshún und Yemayá erreicht. Changó, die *orisha* der Blitze und des Krieges, ist eine Frau (trotz der männlichen Attribute) und wird als heilige Barbara verehrt; ihr Symbol ist die Doppelaxt. Obbatalá, eine weibliche Gottheit, ist die *orisha* des Friedens und wird mit der *Virgen de las Mercedes* verbunden. Oshún, der Gott der Liebe, wird mit der *Virgen de la Caridad* identifiziert. Yemayá, die Gottesmutter, assoziiert mit den Gewässern und Häfen, wird in der *Virgen de Regla* verehrt, benannt nach einem Viertel hinter dem Hafen Havannas. Weitere *orisha* sind der Bote Elleguá, *orisha* der Straßen und Wächter der Tür zum Fegefeuer, Ogún, *orisha* der Gutshöfe und verehrt als heiliger Petrus, Ochosi, *orisha* der Jagd mit Pfeil und Bogen als Symbol, und Babalú Ayé, Gott der Entbehrungen, der mit dem heiligen Lazarus assoziiert wird.

Die Riten der *santería (toques)*, die von *santeros* oder *babalaos* (die eine aus dem Yoruba stammende Sprache sprechen) zelebriert werden, sind so unterschiedlich, dass man sie nicht genau beschreiben kann. Einige richten sich nach den katholischen Feiertagen mit Riten und öffentlichen Prozessionen; andere bestehen nur aus kleinen Versammlungen in Privatwohnungen oder Dorfkapellen; wieder andere finden in Hütten auf dem Land oder unter freiem Himmel statt. Die Musik, besonders die der heiligen Trommeln (*batás*), gehört zu den Zeremonien, bei welchen oft besondere Tänze der verschiedenen *santos* getanzt werden. Die Klänge erreichen eine solche rhythmische Intensität, dass manche Gläubige in einen tranceähnlichen Zustand fallen und dann Visionen haben. Träume spielen dieselbe Rolle, und zu ihrer Deutung bedient man sich verschiedener Methoden wie der *opkele*: Man wirft Kokosnussschalen auf den Boden, die dann aussagekräftige Muster ergeben. Auf dem Land, wo die *santería*-Riten noch eigenartiger sind, sind auch die Bäume heilig, weshalb in die Astgabeln oft Puppen oder symbolische Gaben gelegt werden.

Es ist schwierig, die Rolle der *santería* im heutigen Kuba zu definieren, auch wenn die Kubaner im Allgemeinen sagen, dass ihre Bedeutung mit der Modernisierung und zunehmender Schulbildung abnehme. 1948, als die Schallplatte *Santa Barbara – Que viva Changó* der großen Celina González veröffentlicht wurde, hielt die *santería* offiziell Einzug in die populäre Musik, aber 1960 verurteilte die Regierung ihre Anhänger wie Gangster und unerwünschte Personen. Heute kann die *santería* weiterleben, weil sie die afrokubanische Komponente in der lokalen Kultur darstellt und ihre Zeremonien Touristenmagnete sind, ohne dass sie eine Gefahr für die kommunistische Partei wären. Wenn die Menschen gebildet und mehr der Rationalität als dem Aberglauben anhängen, ist eine abnehmende Bedeutung des Kults zwar normal, aber es ist ebenso normal, dass öffentliches Leben und Privatsphäre getrennt werden, und so kommt es nicht selten vor, dass unter den größten Rationalisten einige einen Hausaltar haben und dort den *santero* bemühen.

252 Bei der Beschwörung von Oshún, *orisha* der Liebe und der Flüsse, ist die ihn darstellende Person an den goldenen Kleidern zu erkennen. Diese wichtige Gottheit wird mit der Patronin Kubas assoziiert.

252–253 Elleguá ist die *orisha* der menschlichen Schicksale; ihre Farben sind rot und schwarz. Die afrokubanischen Kulthandlungen prägen nicht nur die Religion, sondern auch die Sprache. Viele gängige Ausdrücke und fast alle kubanischen Sprichwörter stammen aus dem Jargon der santería.

254–255 Ein Junge stellt den kriegerischen Changó dar, der vom Palmenwipfel aus den Blitz regiert.
Die santería ist, entgegen ihrem Anschein, nicht „esoterisch“.
Jeder, auch ein Fremder, der an einem Ritus teilnehmen möchte, ist willkommen.

255 Babalú Ayé (oben) und Obbatalá (unten) herrschen über die Gesundheit beziehungsweise die Harmonie.
Die kubanische Regierung war der *Regla de Ocha* gegenüber immer toleranter als gegenüber dem Katholizismus,
der aus afrokubanischer religiöser Sicht als eine spanische Form der santería betrachtet wird.

257 OBEN Das Landleben im Landesinneren Kubas spielt sich nach alten Rhythmen und jahrhundertealten Traditionen ab. Es bietet demjenigen urtümliche und faszinierende Bilder, der in einer Welt lebt, in der diese Bilder längst in Vergessenheit geraten sind.

DER ZUCKER

EIN BITTER SÜSSER REICHTUM

„SIN AZÚCAR, NO HAY PAÍS" – „Ohne Zucker gibt es kein Land".

Bevor der Tourismus Kuba erreichte, war der Zucker für Kuba Grund zur Freude, aber auch Anlass für Schmerzen. Einerseits war er die Hauptertragsquelle der Nation, andererseits nahm er exzessiv Einfluss auf die Wirtschaft. Der Zuckerrohranbau veränderte in kürzester Zeit entscheidend die soziale Ordnung der Insel und den Arbeitsmarkt. Grundeigentum wurde zu immer ausgedehnterem Großgrundbesitz und die revolutionierte Wirtschaft spielte eine immer wichtigere Rolle im Leben des Landes.

Ein Jahrzehnt nach der Eroberung der Insel, 1511, begriffen die Spanier, dass diese strategisch wichtige Insel nicht viel Gold besaß, aber dank der Zuckerproduktion auf dem florierenden spanischen Markt gute Gewinne erzielen konnte. Auf die englische Eroberung Kubas, 1762, folgte der Versuch, aus der Zuckerproduktion eine vorrangige Industrie zu machen, indem man für den gestiegenen Bedarf 10.000 afrikanische Sklaven gewaltsam auf die Insel brachte. Nach einem Jahr gaben die Engländer die Insel an die Spanier zurück, aber die Sklaven blieben.

Drei Jahrhunderte lang wuchs die Industrie, verdrängte die *trapiches*, die kleinen Zuckerrohrplantagen und die *bohíos*, die strohgedeckten Hütten, in welchen die *colonos*, die Tagelöhner, lebten. Der unaufhaltsame Expansionsprozess führte dazu, dass sich 1900 die Plantagen auf etwa 100.000 Hektar ausgedehnt hatten, aber eine Veränderung bei der *zafra*, der mörderischen Zuckerrohrernte, trat dadurch nicht ein, sie wurde weiterhin von mit *machete* ausgerüsteten Arbeitern verrichtet.

1959, als Castro kam, war Kuba der größte Zuckerfabrikant der Welt. Die Plantagen umfassten über 40 Prozent der landwirtschaftlich nutzbaren Fläche und banden 500.000 Arbeitskräfte. Dennoch war es keine „kubanische" Industrie, denn neun von zehn Plantagen und circa 40 Prozent der verarbeitenden Industrie waren in amerikanischer Hand.

Die Revolution verstaatlichte die Zuckerindustrie und plante eine andere Zukunft. Castro hoffte, dass Kuba sich aus der Abhängigkeit des Zuckers befreien kön-

256 Ein Bauer in Manicagua (Santa Clara) kehrt von der Feldarbeit heim. Die Zuckerrohrernte, *zafra*, findet in drei Phasen zwischen Januar und Anfang Juni statt.

257 UNTEN In der glühenden Hitze der Tropen bringt ein berittener Bauer Trinkwasser in großen Metallbehältern zu den Feldarbeitern in Cienfuegos.

258 Dem Rum, dem vielleicht überall am meisten geschätzten Zuckerrohrprodukt, wird im Museo del Ron in Havanna gehuldigt. Hier kann man sich auf besondere Weise der Geschichte Kubas nähern.

259 Von den Feldern zur Industrie: Oben kontrolliert ein Angestellter das Zerreiben des Zuckerrohrs in der Raffinerie 30 de Noviembre in der Region Pinar del Río. Unten beginnt der Transport der riesigen Zuckerrohrballen vom Valle de los Ingenios in die Raffinerie. Das muss sehr schnell gehen, denn die Hitze ist eine ernste Gefahr für die Konservierung des Produkts.

ne und bestimmte, dass die Grundstücke für den Anbau anderer Kulturen und für die Viehzucht verwendet werden sollten. Zeitgleich versuchte man in die Mechanisierung zu investieren, die – wäre sie realisiert worden – dem Schneiden des Zuckerrohrs von Hand ein Ende gesetzt hätte und gleichzeitig Arbeitskraft für andere Industrien freigesetzt hätte. Trotz der besten Absichten gelang es Castro nicht, die Vormachtstellung des Zuckers in der kubanischen Wirtschaft zu brechen. Die Niederlage war vor allem eine ideologische: Die antikommunistischen USA verboten den Zuckerimport und den Erdölexport. Also trat die Sowjetunion auf den Plan und kaufte die gesamte kubanische Zuckerproduktion zum Vorzugspreis (über den handelsüblichen Preisen)

und lieferte im Gegenzug Erdöl zum Marktpreis, wodurch Kuba den Mehrwert in wertvolle Devisen wechseln konnte. So blieb die Insel unauflöslich an den Zucker gebunden. An der Arbeitsfront gab es Fortschritte. Die Zuckerindustrie wurde modernisiert, auch wenn in einigen Fällen das raue Gelände den Einsatz von Mähmaschinen verhinderte. Durch vorgeschriebene Aussaaten und versetzte Erntezeiten gelang es dem Zuckerministerium, die Saison für die Arbeiter zu verlängern und so die prekären Zeiten der Arbeitslosigkeit und Arbeitssuche zu verkürzen. Man unternahm beachtliche Anstrengungen, um die *centrales* zu verbessern und auch die Nebenprodukte des Zuckerrohrs zu nutzen. Die *bagasse* wurden zur Papierherstellung verwendet, und die bei der Raffinierung anfallende Melasse als Viehfutter und zur Destillation verschiedener Alkoholika genutzt. Dennoch wurde die neue „Ehe" zwischen Kuba und dem Zucker immer anstrengender. Aufgrund der Emigration der Managerklasse und der Techniker, des Zusammenbruchs der kubanischen Wirtschaft und der Schließung neuer ausländischer Märkte musste der Handel Zucker gegen Erdöl mit der UdSSR maximal genutzt werden. 1970 plante Castro eine Zuckerernte von zehn Millionen Tonnen. Neues Zuckerrohr wurde gepflanzt, die *zafra* begann früher und dauerte länger (sie reichte fast in die Erntezeit des Folgejahres). Doch dies erforderte Arbeitskräfte, die aus anderen Sektoren abgezogen werden mussten. Das Ergebnis war bescheiden: Die *zafra* lag weit unter neun Millionen Tonnen, und die anderen Produktionssektoren lagen auch im Argen. Doch das Schlimmste sollte noch kommen. Die Schwächung der sowjetischen Wirtschaft Anfang der Achtzigerjahre verschlimmerte das Elend Kubas, und Castro initiierte ein Programm von Sondermaßnahmen um die Grundbedürfnisse der Nation zu decken. Schlechtes Wetter, schlechte Ernten (oft unter fünf Millionen Tonnen, weniger als die Hälfte des Ertrags der Neunzigerjahre), die Überalterung der *centrales* und der Mechaniker, der Fahrzeug- und Treibstoffmangel und die Wechselkurse trugen zu Einkommenseinbußen bei der Zuckerproduktion bei.

Dennoch liefern noch heute die Zuckerrohrplantagen die für Kuba unverzichtbaren Devisen. Trotz der schwierigen wirtschaftlichen Verhältnisse ging die Modernisierung der Zuckerindustrie weiter, auch wenn der Erfolg ausblieb. Obwohl man die Felder planierte, um Mähmaschinen einsetzen zu können, blieb das Problem der Bezahlung von Mähdreschern und Ersatzteilen bestehen. Außerdem brauchten die großen *centrales* weiteres Kapital. Leider bleibt der verzweifelte Wunsch von einer Milliarde Dollar jährlich für Kuba ein Traum, denn die Wirtschaft unterliegt weiterhin Risikofaktoren: Klimaschwankungen, weltweite Nachfrage und ein Preis, den weit entfernte Märkte festsetzen.

260–261 Die bis zu fünf Meter hohen Stängel des Zuckerrohrs sind schon fast reif und es naht die Erntezeit, die von Januar bis Mai dauert.

262 Ein *machetero* bei der Arbeit: Der Schnitt fordert Können, Präzision und Schnelligkeit und muss technisch perfekt ausgeführt werden, damit nichts vergeudet wird und das Produkt von bester Qualität ist.

263 OBEN Eine Mähmaschine auf den Feldern von Camagüey. Die in den Siebzigerjahren eingeführte mechanische Ernte trug viel zur Steigerung und Optimierung der Produktion bei, was unverzichtbar ist, um den Gewinn eines der grössten Märkte der Insel zu erhalten.

263 UNTEN Ein Bauer trägt seinen Lohn in Form von Naturalien heim, die ihm von seiner Kooperative gegeben wurden. Der Sack enthält landwirtschaftliche Produkte für seine Familie.

264–265 Die Ernte in den Ebenen im Norden von Camagüey geht weiter. Im Gegensatz zu Tabak und Kaffee ist das Zuckerrohr ein äusserst Gewinn bringendes Lebensmittel, fast vollständig zu verarbeiten, vom Zucker bis zur Melasse, vom Rum bis zu billigen Brennstoffen.

266 OBEN Es gibt Dutzende Firmen, die kubanische Zigarren herstellen, und alle sind hervorragend. Einige ihrer Produkte besitzen darüber hinaus historische Würden, von der *Lancero*, die Che Guevara rauchte, über die *Trinidad*, die ausschliesslich für den *Líder Máximo* Fidel Castro gefertigt wird, bis zur *Cohiba*, die von keinem Geringeren als Saddam Hussein geschätzt wird.

DER TABAK

DER EINZIGARTIGE DUFT HAVANNAS

„EINE FRAU IST NUR EINE FRAU, aber eine gute Zigarre kann mehr sein." R. Kipling

Man brauch nur „Zigarre!" zu sagen und jeder amerikanische *bon vivant* wird augenblicklich „Kuba" denken – und jammern, weil wegen des Embargos die so begehrte, kubanische Zigarre (*tabaco*) in den USA legal nicht zu bekommen ist. Das erklärt die vielen vorweihnachtlichen Reisen vieler reicher *afacionados* nach Kanada oder Mexiko, eine Freude, die sich Kubaner nicht leisten können, weil sie keine interkontinentalen Reisen unternehmen können.

Der kubanische Tabak hat – wie der Zucker – eine jahrhundertelange Geschichte und genießt weltweit den besten Ruf. Schon die ersten *conquistadores* berichteten, dass die Eingeborenen rauchten, eine Gewohnheit, die sie dann übernahmen. Die Tabakindustrie wuchs schnell, bedrohte aber niemals die Vormachtstellung des Zuckers, sondern lag bezüglich der Arbeitskräfte und der Anbaufläche immer an zweiter Stelle in der Wirtschaft der Insel. In den letzten Jahren setzte man mehr auf Qualität denn auf Quantität, so dass die Zigarren – *hechos a mano* (handgefertigt) –, die aus der jährlichen Ernte von 30 bis 40 Tonnen hergestellt werden, über 150 Millionen Dollar an Devisen ins Land bringen.

Der beste Tabak wird in den weiten, geschützten Tälern der westlichen Provinz Pinar del Río in den Gegenden von Vuelta Abajo und Semi-Vuelta angebaut, aber auch in den Provinzen Matanzas und Las Villas (in der Mitte Kubas) und in den Ostprovinzen. Im Gegensatz zum robusten Zuckerrohr ist der Tabak eine empfindliche Pflanze. Jedes Jahr müssen die *vegueros* (Bauern) die kleinen Pflänzchen in Gewächshäusern ziehen und dann im späten Frühling in gepflügte Furchen ausbringen. Um die gewünschten Blätter zu erhalten, müssen die Pflanzen vor zu intensiver Sonneneinstrahlung, Regen und Wind mit Baumwolltüchern oder Zelten (*tapados*) geschützt werden. Außerdem müssen sie aufmerksam überwacht werden, um im richtigen Moment eine optimale Ernte einfahren zu können. Für

266 UNTEN Zwar sind Zigarren ein – wenn auch feines – Konsumgut, aber ihre Banderolen sind wertvolle Sammlerstücke, die offiziell und häufig teuer gehandelt werden.

267 Für die Aufbewahrung der Zigarren, welche die unbestrittenen Herrscher der kubanischen Produktion sind, werden Kistchen hergestellt, die aus duftendem, lokalem Zedernholz gefertigt und mit verzierten Etiketten bezogen werden.

GRANULADA
JOSÉ GENER Y BATET
LA ESCEPCIÓN
HABANA
HABANA.
PICADURA SELECTA
EXTRA-FINA
LIT. A. ESTRUGO.
LA ESCEPCIÓN
FABRICA DE TABACOS, CIGARROS
Y PAQUETES DE PICADURA
DE JOSÉ GENER
PRINCIPE ALFONSO Nº7, HABANA.

268 OBEN Ein Tabakbauer, *veguero*, pflügt im Tal von Viñales. In der grossen Hütte im Hintergrund, am Fuss eines *mogote*, werden die Tabakblätter monatelang zum Trocknen aufgehängt.

268 UNTEN Die modernen *vegueros* (im Bild ein Bauer in der Provinz Pinar del Río) arbeiten mit 500 Jahre alten landwirtschaftlichen Techniken.

269 Die Bilder zeigen die drei Phasen des Tabakanbaus in der Provinz Pinar del Río: Auspflanzen, Pflügen und erste Trocknung.

Ernte und Auslese braucht man erfahrene Hände. Ungelernte Erntebrigaden, welche die Blätter falsch behandeln, sind hier fehl am Platz.

Im Wesentlichen besteht die Verarbeitung der Blätter aus einem dreimonatigen Trocknungsprozess. Wenn die Blätter in die großen Hütten gebracht werden, treffen die *rezagudos* (Ausleser) die Wahl aufgrund der Farbe, ein Merkmal für die Intensität des Aromas. Die Trocknung erfolgt durch kontrollierte Belüftung, die das chemische Gleichgewicht der Blätter und das endgültige Aroma modifiziert und stabilisiert. Nach zweijähriger Lagerung werden die Blätter zum Rollen in die *galeras* (oft alte *fabricas* in Havanna) gebracht, wo die *tabaqueros*, meist Frauen, die wegen ihres Gespürs und ihrer Geduld sehr gesucht sind, die Blätter mit gebogenen, kleinen Messern, so genannten „*chavetas*" schneiden und *tabaco* daraus machen. Ein erfahrener *tabaquero* kann täglich circa 100 Zigarren rollen. Jede Zigarre besteht aus unterschiedlichen Teilen der Tabakpflanze: Die oberen Blätter, *coronas*, geben Aroma und Intensität, während die unteren Blätter für die Brennbarkeit sorgen und als äußere Schicht verwendet werden. Nicht alle „Stkcke" erreichen die erforderlichen Kriterien für eine erstklassige Zigarre, aber die Zigarren werden in versiegelten Verpackungen gehandelt und man kann sie nicht vorher testen.

Seit Mitte des 19. Jahrhunderts wurde es zur Gewohnheit, den *tabaqueros* einen *lector* zur Verfügung zu stellen, also eine Person, die ihnen Zeitungen und Bücher vorliest. Seitdem stehen die *tabaqueros* in dem Ruf, gut informiert zu sein, besonders über Arbeit und Gehälter.

Historisch war die Zigarrenherstellung immer die Arbeit des freien Mannes, auch wenn bis Ende des vergangenen Jahrhunderts die Produktion in kleinen Werkstätten stattfand, wo ein patriarchalischer und konservativer Umgang herrschte. Sklaven wurden mit einer derart diffizilen Aufgabe nicht betraut.

Die Maßnahme des Königs Jakob I. von England gegen das Zigarrerauchen, *Counterblaste to Tobacco* von 1604, war einer der schwersten Angriffe auf das Rauchen, aber natürlich stimmten die Raucher den Worten des „mondänen" Richard Burton zu, der 1641 in seiner *Anatomie der Melancholie* schrieb: „Göttlicher, seltener, außergewöhnlicher Tabak [...] übertrifft sämtliche Allheilmittel, trinkbares Gold und den Stein der Weisen [...] er ist Medizin gegen alle Leiden."

Kuba verehrt die Zigarre nach wie vor, und die edle Tradition ihrer Herstellung entwickelt sich weiter, bleibt aber eine Kunst mit präzisen, alten Ritualen: Der Produktionsablauf bleibt gleich und die Tradition wird sichtbar respektiert. Einige offizielle Namen historischer *fabricas* haben sich geändert, aber wer in Havanna nach H. Upman, Partagás, Antonio Maciedo und anderen großen Herstellern sucht, wird sie ohne Schwierigkeiten finden.

Die besten Zigarren, wahre Genüsse für Kenner, werden sorgfältig und professionell angeboten, darunter Coniba Robusto, H. Upman Monarch, Sancho Panzo Belicoso, Partagás Serie D No.4 und Bolivar Royal Corona.

Die Konversation zwischen Rauchern reicht von einem Kontinent zum anderen, und Kenner diskutieren darüber, welche Churchills, Kennedys oder Fidel Castros Lieblingszigarre war und fragen sich, warum man die Probleme der Welt nicht beim Rauchen einer guten Zigarre lösen kann.

270 UND 270–271 Die *vegueros*, die als erste die Früchte ihrer mühevollen Arbeit geniessen, sind Künstler. Der Tabak braucht viel Pflege, und alles ist ausschliesslich Handarbeit, was auch den hohen Preis des Produkts erklärt.

272 UND 272–273 Eine einzige Tabakpflanze produziert sechs verschiedene Blätter, die nacheinander geerntet werden. Man beginnt unten und schneidet dann im Abstand einiger Tage eines nach dem anderen ab.

274–275 Ernte im Tal von Viñales. Nach dem Auspflanzen wächst der Tabak schnell und erreicht den richtigen Reifegrad für die Ernte nach circa eineinhalb Monaten.

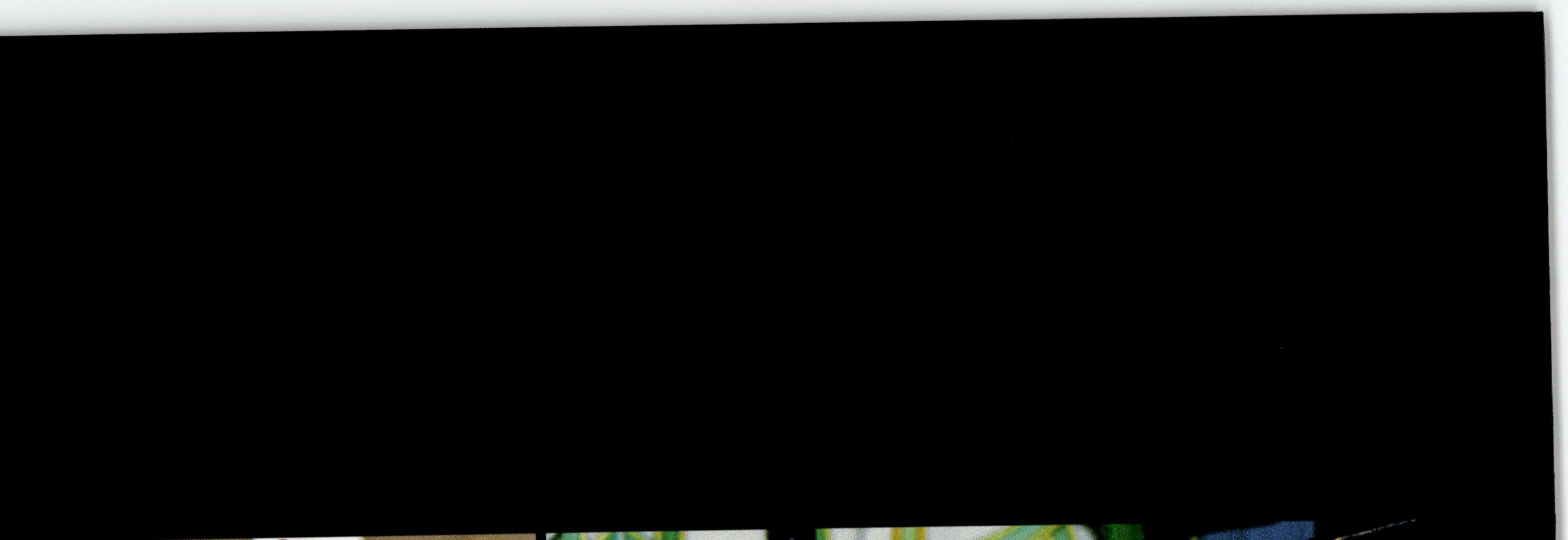

276–277 In der schattigen *casa del tabaco* trocknen die Blätter weiter und die Fermentation setzt ein. Sie ist unerlässlich, damit der Nikotingehalt nicht zu hoch wird. Am Ende des Prozesses werden sie noch einmal gelüftet, bevor sie in die Fabrik transportiert werden, wo dieser komplexe Kreislauf dann abgeschlossen wird.

277 OBEN UND UNTEN Nach der ersten Trocknung im Freien bearbeiten junge Arbeiterinnen die noch grünen Blätter erneut, bevor sie in die *casa del tabaco* gebracht werden. Sie binden oder nähen die Stiele zusammen, sortiert nach ihrer Position am Stängel der Mutterpflanze.

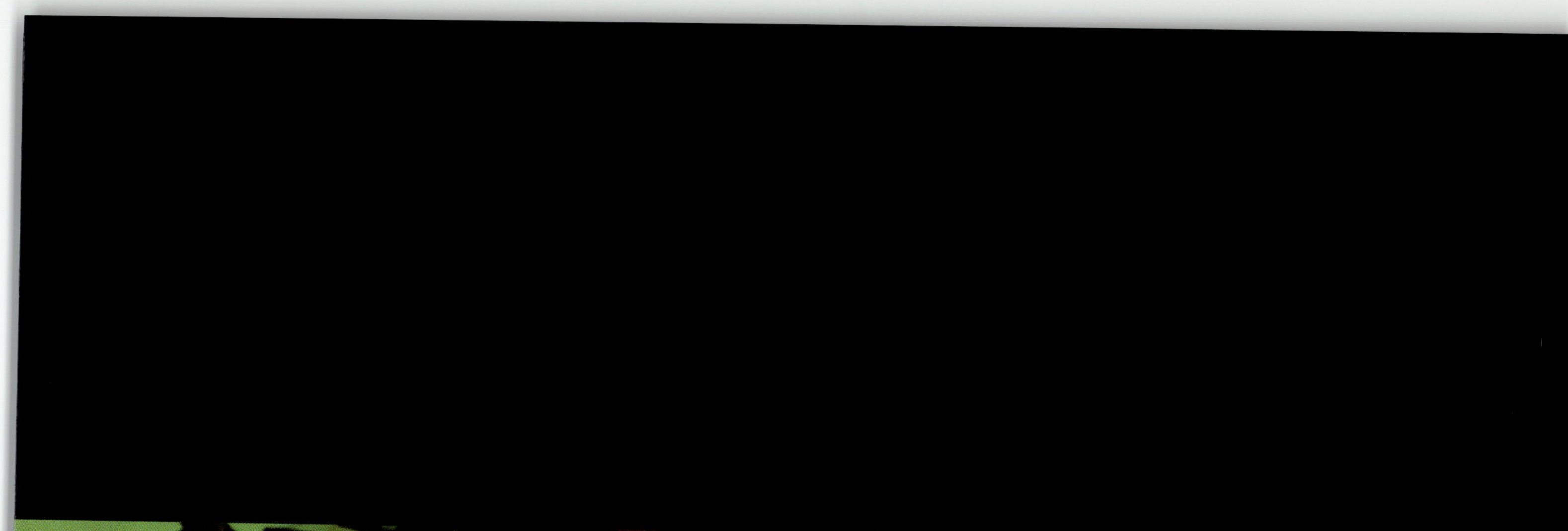

278–279 Nach ein bis drei Monaten haben die Blätter die charakteristische tabakbraune Farbe angenommen, die für das fertige Produkt typisch ist. In der Phase der „natürlichen Verarbeitung" sind Temperatur und Feuchtigkeit entscheidend, aber wesentlich ist auch die ständige Kontrolle seitens des *Veguero*.

280 und 281 Die letzten Etappen vor der Vermarktung. Von links nach rechts: Auslese der Blätter nach Farbe und Qualität, die Herstellung der Zigarren, reine Handarbeit der erfahrenen und schnellen *Tabaqueros*, und die Lagerung. Jede Zigarre wird vor der Verpackung in Kistchen genauestens registriert.

AUTOS UND KUNST

Ford
V8

TAXI
PARTICULAR
HM·79631
CUBA

282 UND 283 Die Autos in Havanna (und auf der ganzen Insel) lassen die Ära des *American Way of Life* zwischen der Nachkriegszeit und 1961, dem Jahr, als das Embargo begann, wieder aufleben.

284 Massig und aggressiv lackiert donnert ein De Soto als Taxi den Malecón in Havanna entlang.

285 Die Fahrzeuge, die in Kuba fahren, sind grösstenteils amerikanische Fabrikate, wie der antike Chevrolet (links), oder sowjetische, wie das grelle Motorrad mit Seitenwagen (Mitte). Bei den Kühlerfiguren gehört der Schwan zu den häufigsten Motiven (rechts).

AUTOS UND KUNST

„CONSEGUIR E RESOLVER“ – „erkennen und lösen“. Diese Devise gehört nicht zum politischen Propagandavokabular, das an Mauern in kubanischen Dörfern und Städten neben den ernsten und zuversichtlichen Gesichtern der Revolutionshelden prangt. Doch in diesem überraschenden Land ist diese Devise ebenso lebenswichtig.

Denn auf einer Insel, die Freiheit statt Wohlstand wählte und die Unterstützung der Reichen und Mächtigen, die lange Zeit ihr Schicksal bestimmten, zurückwies, wird die Kunst, mit nichts oder wenig zurechtzukommen, eine Notwendigkeit, mehr noch, ein kulturelles Phänomen. Dies gilt für verschiedene Gebiete des kubanischen Lebens, aber am augenfälligsten ist es bei der Mechanisierung jeder Art, von der Industrie bis zur Landwirtschaft, von öffentlichen Verkehrsmitteln bis zur privaten Mobilität. Deshalb kann „erkennen und lösen“ unter anderem auch gut das Motto für verblüffende Persönlichkeiten sein, die Martino Fagiuoli, ein einfühlsamer und versierter Kenner der kubanischen Realität, als die Magier der *hojalata*, des Blechs, bezeichnet – die Mechaniker.

Die Autos, die in Kuba fahren, sind in doppeltem Sinn berühmt. Erstens sind es bekannte Marken, ein Quell nostalgischer Leidenschaft für jeden Besucher, der die amerikanischen Stücke, die hier überall zu sehen sind, sonst nur im Museum bewundert oder in Filmen oder bei Oldtimertreffen sieht. Zweitens werden sie seit vielen Jahrzehnten hartnäckig und fast immer „künstlerisch“ instand gehalten, eben seit 1961, als das US-Embargo Kuba von allem abschnitt, so natürlich auch von Treibstoff, Autos und den entsprechenden Ersatzteilen.

Die Not sorgte also dafür, dass Buick, Chevrolet, Studebaker und Oldsmobile, die über ein halbes Jahrhundert oder älter sind, trotz des Mangels herumfahren – und das bestens und oft glanzvoller als in der Vergangenheit – mit mehr Chrom und Luxus ausgestattet.

Jedoch wäre es den Kubanern gegenüber nicht fair, alles auf fehlende finanzielle Mittel und Teile zu reduzieren. Bei den *autos* spielt auch ein nicht alltägliches technisches Können, ein mehr als gerechtfertigter Stolz und Sinn für Ästhetik eine Rolle, was jeder Inselbesucher bescheinigen kann. Diese Gaben können Hässliches, Veraltetes und Minderwertiges in exklusive, lebendige und farbenprächtige Kreationen verwandeln.

Viele kubanische Autos sind Erbstücke aus den letzten Jahren der amerikanischen Vormachtstellung in Kuba. Nachdem die reichen und hochmütigen Eigentümer geflüchtet waren, standen die Autos vielen Menschen zur Verfügung, die sie sich niemals hätten leisten können. Einige Jahre lang reichten die Lagerbestände aus, um die Autos funktionsfähig zu erhalten, aber irgendwann musste man Genialität einsetzen um diese „Monster“ mit riesigem Hubraum „in Schuss“ zu halten, die unter anderem viel mehr Sprit verbrauchten als die Regierung – notgedrungen – den Bürgern zugestehen konnte. Vor allem aber waren das kubanische Klima und die Nähe zum Meer nicht die besten Bedingungen, um das Metall, aus dem die *American Dream Cars* im Gegensatz zu modernen Autos bestanden, zu erhalten.

Also wurden die *autos* umgebaut und den neuen Bedürfnissen angepasst. Die Palette der Arbeiten der fähigsten kubanischen Mechaniker ist äußerst breit gefächert und sozusagen ein eigener Handwerkszweig. Die empfindlichen Verchromungen erhält man „wie neu“ durch einfache Blechstreifen. Die Karosserien werden heiß lackiert,

286 Für die Restaurierung jedes Details hat die Erfahrung der kubanischen Autoschlosser einen perfekten Trick gefunden: Die Verchromungen sind aus Blech und Aluminium, die Farben werden handwerklich gefertigt und heiss lackiert – mit exzellenten Ergebnissen.

287 Auf den kubanischen Nummernschildern ist auch die Nutzung jedes Fahrzeugs vermerkt. *Particular* beispielsweise für privat genutzte Autos, *empresa* für Unternehmen, *protocolo* für Ministerwagen und *alquiler* für Mietwagen.

aber mit Farben, die offensichtlich nicht vom Hersteller (der manchmal gar nicht mehr existiert) stammen. Doch auch hier sind die Ergebnisse beachtenswert, denn sie lassen der Fantasie und neuen, begeisternden Farben freien Lauf. Sogar die Dekors der Reifen, die nach jahrzehntelangem Gebrauch zwangsläufig nicht mehr die originalen sein können, werden vom weißen Gummi entfernt und mit

Mastix auf die neuen Reifen geklebt. Ein nutzloses Unterfangen ist es zu versuchen, die Autos an Markenzeichen oder Kühlergrill erkennen zu wollen, die häufig von kunstvollen Kühlerfiguren, die dem Eigentümer besser gefielen, ersetzt wurden.

So viel zur Ästhetik. Doch noch überraschender, wenn auch weniger sichtbar, ist das technische Können der Mechaniker bei Ersatzteilen, die „erfunden" werden müssen – oft aus Material, das mit dem fraglichen Auto nur wenig zu tun hat.

Eine teilweise Hilfe in diesem Sinne (und man könnte sagen „unfreiwillig") kam aus der Sowjetunion, dem einzigen Wirtschaftspartner Kubas nach der Missileskrise von 1961. Sie lieferten eine annehmbare Anzahl der relativ modernen und zuverlässigen Ladas. Diese Autos waren aber offensichtlich für raues Klima konzipiert, so dass ein guter Teil der Lieferung nach kurzer Zeit als Tauschware oder Ersatzteile endete. Selbst die Regierung nutzte sie auf diese Weise. In den Siebzigerjahren, als man die Goldmine erkannt hatte, die alte amerikanische Autos darstellten, wenn man sie an ausländische Sammler gegen wertvolle Devisen verkaufte, bot die Regierung den Eigentümern klingende Münze oder einen Lada im Tausch an. Und nicht einmal die Revolutionsführer konnten sich der alten und gewissermaßen urkubanischen Macho-Faszination der glänzenden Autos entziehen. Castro fuhr gerne in einem Oldsmobile, und Che Guevara reiste in einem Chevrolet, das heute im Automobilmuseum in Havanna steht. Wie auch immer, die Krise und der Zusammenbruch der Sowjetunion Ende der Neunzigerjahre beendeten die Unterstützung aus dem Osten, und auch für den Lada fiel der letzte Vorhang.

Nicht alle kubanischen Autos stammen aus diesem ebenso mystischen wie überholten Fuhrpark, noch sind sie immer in gutem Zustand. Viele sind fast irreparable Schrotthaufen, und andere, die in neuerer Zeit nach Kuba kamen und vom wirtschaftlichen Gesichtspunkt aus weniger risikoreich sind, kommen aus Japan, Korea und Europa. Es kommt also nicht selten vor, dass heute neben Buick und Mercury ein mehr oder weniger neuer Nissan, Mercedes oder Fiat aufkreuzt.

Bedeutend, wenn auch offiziell verboten, sind auch die wirtschaftlichen Einkünfte, die durch die alten amerikanischen Straßenkreuzer (auf dem Rücksitz mancher Modelle finden sechs Personen Platz) erzielt werden können, wenn man sie als Taxi nutzt, um sowohl Touristen als auch Kubaner bei besonderen Anlässen wie Hochzeiten über die Insel zu chauffieren.

Kuba, das zuerst unter dem Embargo und dann unter dem Wegfall der sowjetischen Hilfe litt – mehr als die Lebensfreude und Gastfreundschaft der Menschen ertragen konnte –, scheint sich seit wenigen Jahren schrittweise der Welt zu öffnen und aus der Krise zu kommen. Das wird weder leicht noch schnell gehen, aber die Kubaner haben „einen Gang mehr", weil sie positiv eingestellt sind und unbestritten Meister des „conseguir y resolver" und darüber hinaus noch von Natur aus große Künstler sind.

PM 00769

FORD
PARTICULAR
CUBA

288–289 Der Zustand eines Autos hängt von den vorhandenen Mitteln ab, sowohl vom Geld des Auftraggebers, als auch von den Materialien seitens des Autoschlossers. Irreparable Schäden am Originallack sind nur eine günstige Gelegenheit, um Geschmack und Fantasie zu zeigen.

289 Wuchtige Kühlergrills glänzen in den Strassen von Havanna. Sogar pragmatische Revolutionäre wie Fidel Castro und Che Guevara waren empfänglich für die Faszination der „Amerikanischen“: Oldsmobile beziehungsweise Chevrolet.

290–291 Zwar ist ein Oldtimer in vielen Teilen der Welt bei Hochzeiten ein begehrtes *Must*, aber in Kuba ist es praktisch unvermeidlich, dass die zu solchen Anlässen verwendeten Fahrzeuge ein Juwel dieser Art sind.

292 und 293 Die originalen Kühlerfiguren werden gerne geklaut oder beschädigt, doch die Ersatzstücke, oft geflügelt wie dieser Schwan (rechts) sind den Originalen absolut ebenbürtig.

294 Unterschiedlich gut erhaltene, verschiedene Chevroletmodelle gehören zu den häufigsten *Dream Cars* in Kuba, aber es gibt auch „Raritäten“ wie den berühmten Bel Air.

295 Wer kein Experte ist, kann das Alter eines Autos nicht schätzen, aber es gibt präzise Parameter, deren Anwendung viel Vergnügen bereiten kann. Zum Beispiel kann ein Fahrzeug mit Heckflossen höchstens aus dem Jahr 1949 stammen, als Cadillac diesen „Look“ kreierte.

Chevrolet
PARTICULAR

PARTICULAR
HM 00450
CUBA

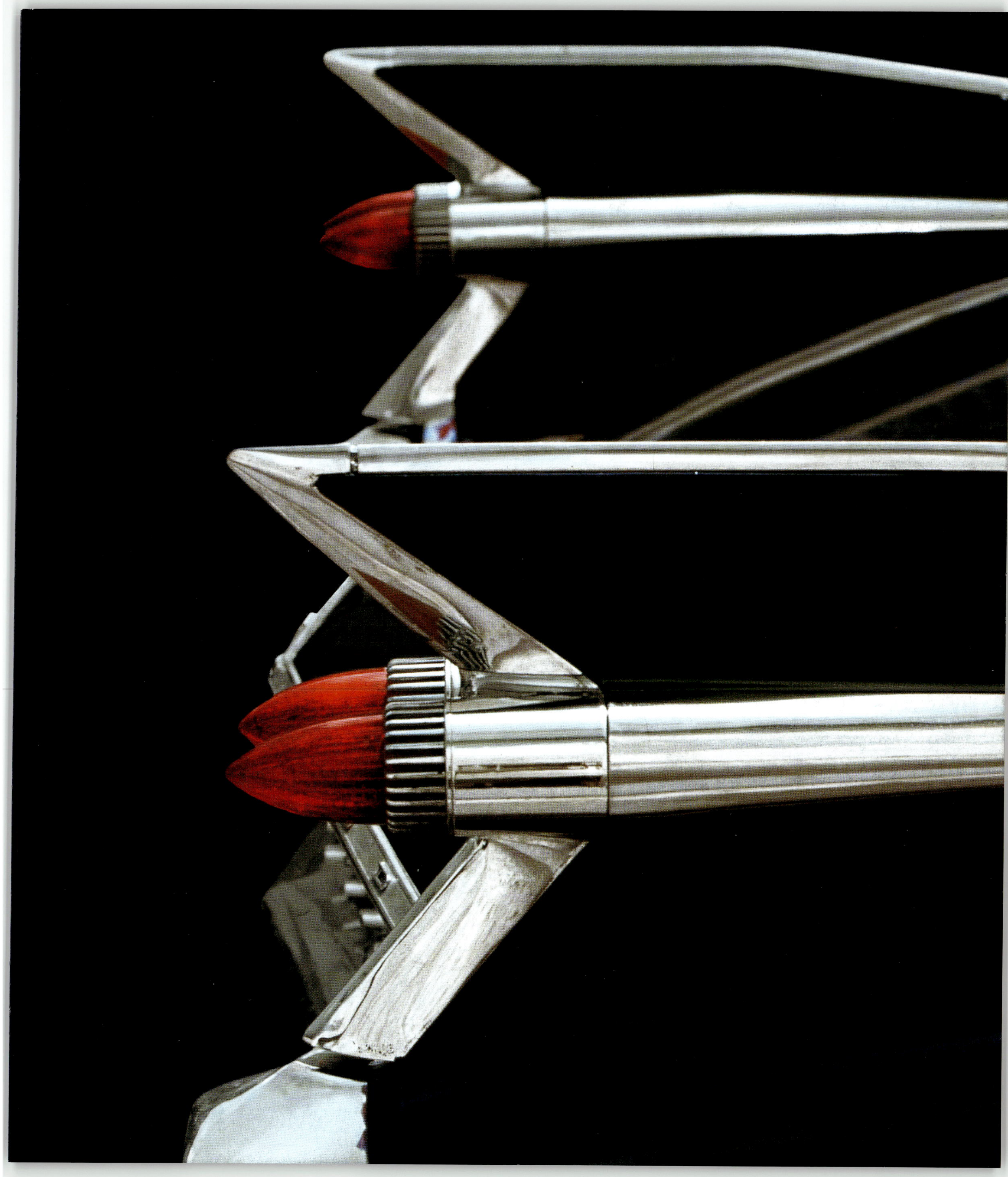

REGISTER

Hinweis *b = Bildunterschriften*
***nn** = Kapitelüberschrift*

A
Acapulco, 33
Acea, Friedhof von, 181
Afrika, 33, 34, 39, 69, 233, 249
Agramonte, Ignacio, 41
Albera, Aquädukt von, 132
Alegria del Pio, 54
Almeida, Juan, 61
Almendares, 129
Alonso, Alicia, 238
Alonso, Fernando, 207, 238
Amerika, 11, 33b, 34, 39, 41, 124, 129, 130, 131, 224, 237
Angola, 33, 69, 100
Antillen, 42, 69, 81, 122, 180, 218, 233
Antonelli, Gian Battista, 34b, 129, 221b, 224
Arawak, Stamm, 233
Arbenz, Kolonell, 54
Arenas, Reinaldo, 238
Argentinien, 41
Armas, Plaza de, 142b, 159b, 221
Atkins, Familie, 181
Atlanta, 75, 76b
Atlantik, Ozean, 8, 29, 33, 81, 85, 101b, 129, 130
Automobile, Museum der, 286

B
Babalú Ayé, 39, 250, 250b, 255b
Bahamas, 27b, 33, 82
Bahamas, Kanal der, 99
Baker, Josephine, 59
Baliño, Carlos, 49
Baracoa, 29, 30, 76, 81, 81b, 82, 86, 99, 100, **217–220**, 221, 234b
Baracoa, Hafen von, 218
Baracoa, Yunque von, 218
Barnet, Miguel, 238
Bartlett, Graben, 82
Batista, Fulgencio, 49, 49b, 50, 54, 57, 57b, 60b, 61, 64b, 157b, 225, 237
Batisti, Arleto, 59
Bayamo, 30, 42, 87, 207, 221, 222
Bel Air, 290b
Belau, P., 164b
Benedikt XV., 222
Benitez Rojo, Antonio, 238
Bitinia, Barbara von, 39
Bolivar, Simon, 41
Borrel, Mariano, 196b
Botanischer Garten, 181
Boyero, Rancho, 59
Brooke, General, 44
Brunet-Palast, 185, 196b, 197b
Buick, 190b, 285, 286
Burton, Richard, 269

C
Cabo Cruz, 100
Cabo Francés, 101
Cabrera Infante, Guillermo, 238
Cadillac, 290b
Cadiz, 33
Café Monserrate, 148b
Caibarien, 89b, 99
Camag,ey, 30, 42, 62, 81, 87, 100, 101, 122, 124b, 125, 200, **207–216**, 262b
Camaron Grande, 122
Canarreos, 101
Caracas, 59
Cardenas, 75, 181
Caribe, 27
Caridad, Theater, 124b
Carolina, 36
Carpentier, Alejo, 130, 218, 238
Carrara, 131, 181, 185
Carretera Central, 82, 87
Cartagena, 33
Carter, Jimmy, 69
Caruso, Enrico, 122b
Casablanca, 132
Casa-Brunet, Graf von, 185
Casilda, 122
Casilda, Hafen von, 183
Castillo Cancio, Honorato del, 200, 200b
Castillo de los Tres Reyes del Morro, Grundriss des, 34b
Castillo del Morro, 20b, 221b, 225b
Castillo, Alexander, 50b
Castillo, Marta, 50b
Castro Ruz, Fidel, 8, 12, 53, 53b, 54, 54b, 57, 57b, 60b, 61, 61b, 62b, 64, 64b,67b, 69, 69b, 72, 72b, 73b, 75, 76, 76b, 85, 233, 234, 238, 257, 258, 266b, 269, 286, 289b
Castro, Raul, 53, 54, 65, 69b
Catedral, Plaza de la, 142b
Cayo Bariay, 27, 29, 100
Cayo Coco, 84b, 99, 99b, 101b, 103b
Cayo Guillermo, 99, 99b, 100
Cayo Largo, 82b, 100b, 101, 109, 111b
Cayo Paredon Grande, 110b
Cayo Romano, 100
Cayo Sabinal, 100
Cayo Saetia, 100
Cayo Santa Maria, 99, 100, 106b
Centro Gallega, 164b
Centro Habana, 129b, 167b
Cerro, Stadtviertel, 167b
Changó, 39, 249b, 250, 255
Chevrolet, 190b, 285, 286, 289b, 290b
Chorrera, Río de la, 129
Chruschtschow, Nikita, 67b
Churchill, Winston, 269
CIA, 62, 64, 64b
Ciboney, Stamm, 24, 233
Ciego de Avila, 101
Cienaga, 100, 101
Cienfuegos y Jovellanos, José, 180
Cienfuegos, 57, 122, **180–181**, 183, 257b
Cienfuegos, Camilo, 54, 54b, 61, 61b, 62, 125b, 207
Cipango, 27, 29b
Clinton, Bill, 72, 76, 76b
Clouet, Louis de, 180
Cojimar, 135
Cole, Nat King, 59
Colombia, 41
Colorados, Inseln, 101
Comodoro, Hotel, 59
Condé Villanueva, Hotel, 159b
Conjunto Casino, 238
Conjunto Nacional Folklorico, 238
Cortéz, Hernan, 33
Costa Rica, 42
Cristal, Pico de, 85
Cristal, Sierra de, 30, 85
Cristobal Colón, Totenstadt, 132, 181
Cruz, Celia, 237
Cuarteto Caridad Hierrozuelo, 238
Cubacanan, 237b

D
Dahomey, 249
de Balboa y Troya de Quesada, Silvestre, 207
De Bry, Theodor, 30b
De Cespedes, Carlos Manuel, 41, 41b
de Hoyos, Juan, 222
de Hoyos, Rodrigo, 222
de la Cosa de Santoña, Juan, 29, 29b
de las Casas, Bartolomé, 30, 30b
de Mesa, Bernardo, Fra, 217
de Sores, Jacques, 129
de Velsco, Luis de, 36b
de Wite, Juan, Fra, 217
Delgado, Issac, 238
Demajagua, 41
Demajagua, Halbinsel, 180
Dior, Christian, 59
Diorama, Theater, 131
Dominguez y Borrell, Antonia, 184
Dominikanische Republik, 8b
Dos Rios, 42
Duaba, 218
Dupont, 99

E
Echevarría, José Antonio, 57, 57b
Eisenhower, Dwight David, 64b
El Carmelo, 131
El Cerro, 131
El Floridita, 59, 148b
El Rincón, Kirche von, 250b
El Yunque, Berg, 81b
Ellegua, 249b, 250, 252b
England, 33, 36
Engländer, 20, 20b, 131
Escambray, Sierra del, 62, 81, 81b, 82, 86, 86b, 93b, 94b, 183, 186b
Este, Playas del, 99, 105b
Estrella, La , 224
Europa, 8, 11, 29, 34, 41b, 69, 75, 140, 237, 286

F
Farola, La, 218
Federacion Estudiantil Universitaria (FEU), 37
Ferdinand VII., König, 207
Ferrer, Ibrahim, 237
Ferrer, Pedro Luis, 237
Fiat, 286
Finca Vigia, Villa, 135
Flores, Carmen, 238
Florida, 8, 36, 59, 69, 72, 114b, 129, 131, 183
Florida, Meerenge von, 75, 125b, 131b
Ford, 190b
Forestier, Jean Nicolau, 132
Frankreich, 33, 36, 42

G
Gagarin, Yuri, 67b
Galizien, 33
Garcia, Calixto, 42
Garzon, Roberto, 237
Gazzini, Giuseppe, 142b
Genua, 27b
Genua, Hafen von, 131
Gibara, 29
Golfstrom, 59, 103
Gomez Baez, Maximo, 41, 42b, 141b
Gomez de Avellaneda, Gertrudis, 207
Gonzales, Elian, 75, 75b
Gonzalez, Carmen, 238
Gonzalez, Celina, 250
Gonzalez, Ruben, 237
Gorbatschow, Michail Sergeevic, 76b
Gran Canaria, 207
Gran Piedra, 85
Granjita Siboney, 53
Granma, 122
Grenada, 69
Guacanayabo, Golf von, 100
Guaimaro, 41
Guaimaro, Marquis 185
Guamà, 100
Guanabacoa, 125, 132, 249b
Guanahacabibes, Halbinsel von, 99, 101
Guanahatabey, Stamm, 233
Guanajuato, 33
Guaniguanico, Sierra de, 81, 86
Guantanamo, 44, 81, 82, 85, 86, 87
Guantanamo, Bucht von, 29
Guantanamo/Caimanera, Stützpunkt, 64b, 67, 72

Guantanamo, Kommission von, 180
Guardalavaca, 27, 100
Guatemala, 54, 64
Guevara, Ernesto, genannt "Che", 9b, 12b, 54, 54b, 60b, 61, 69, 69b, 85, 122b, 125b, 130b, 142b, 207, 238, 266b, 286, 289b
Guillén, Nicolas, 238
Guiteras, Antonio, 49

H
Habana Café, 148b
Habana Hilton, Hotel, 43, 43b
Habana Vieja, 7b, 46b, 141b, 159b, 167b, 234, 250
Habana, Club von, 41
Habana, Gran Teatro de la, 164b
Habana, San Cristobal de la, 127, 217, 221
Habana, Universidad de la, 132b
Haiti, 39, 85, 125, 184, 224
Harlem, 67b, 76
Harvard, University, 181
Hatibonico, Fluss, 207
Hatuey, 30
Havanna, 9b, 11, 27, 30, 34b, 36, 36b, 38b, 44, 46, 49, 50, 50b, 59, 60b, 61, 61b, 62, 62b, 67, 67b, 69, 72, 75, 76, 76b, 81, 82, 99, 103b, 122, 122b, 124, 125, 125b, **129–179**, 180, 181, 183, 184, 207, 207b, 217, 218, 222, 234, 234b, 237, 237b, 238, 241b, 249b, 250, 250b, 269, 285b, 286, 289b
Havanna, Bucht von, 33, 180b
Havanna, Hafen von, 125, 129
Heilig Geist-Kirche, 200
Heiliger Franz von Assisi, 183
Heiliger Franz von Assisi, Kloster des, 142b, 157b, 185, 186b
Heiligste Dreifaltigkeit, Kirche, 183
Hemingway, Ernest, 8b, 59, 59b, 135, 135b, 148b
Heredia, Calle, 225b
Hernandez de Cordoba, Francisco, 33b
Hicacos, Halbinsel, 82b, 99
Higueras, Dorf, 69b
Hilton, Hotel, 59, 59b
Hispaniola, 29, 33, 39
Holg,in, 42, 81, 87, 100
Hotel Nacional, Havanna 49
Humboldt, Alexander von, 86, 131
Hussein, Saddam, 266b

I
Ingenios, Valle de los, 87, 88b, 185, 258b
Irakene, 238
Isla Grande, 81, 82, 99, 101
Italien, 81
Iznaga-Turm, 185

J
Júcaro, 101
Jagua, Bucht von, 180
Jamaika, 8b, 85
Japan, 286
Japaner, 233
Jesus del Monte, 135
Jiguaní, 222
Jimenéz, Antonio Nuñez, 62b
Johannes Paul II., 75, 75b
John I. von England, 269
Jon de Jamel, Calle, 167b
Jorrin, Enrique, 46, 237
Juan, Prinz, 29
Juana, 29
Juventud, Isla de la, 29, 53, 81, 82, 100b, 101, 122, 124, 126b

K
Kanada, 64, 75, 266
Kanaren, Inseln, 11, 12, 34, 87, 125
Kapitol, 30b, 124b, 129b, 163b, 167b
Kapstadt, 86
Karibik, 8b, 81, 84, 86, 101, 122, 125, 183
Karibische Inseln, 8, 24, 36, 67, 101, 117b, 131, 224, 238
Karl V., 33
Kastilien, 33
Kennedy, John F., 64, 64b, 67, 86, 269
Kolumbus, Bartolomeus, 27b
Kolumbus, Christoph, 8, 30b, 24b,
Kongo, 33
Krebs, Wendekreis des, 81, 81b
Krokodil (oder Dominikaner), Haus des, 197b
Kuba, Nationalballett, 238
Kuba, Revolutionspartei, 42

L
Lalique, René, 132
Lansky, Mayer, 59
Las Vegas (Nevada, USA), 50
Lateinamerika, 61, 69, 75b, 76, 142b
Lawton, 135
Leal Spengler, Eusebio, 135
Leardo, Giovanni, 24b
Lecuona, Ernesto, 46
Lemaur, Félix, 180
Lemaur, Francisco, 180
Ligurien, 27b
Liverpool, 36
Loma de Chaple, 135
Loma del Burro, 135
London, 36
Louisiana, 180
Luanda, 69

M
Maceo, Antonio, 41, 41b, 42, 44, 225b
Machado, Gerardo, 46b, 49, 49b, 162b
Maciedo, Antonio, 269
Madrid, 12, 36, 41, 41b, 44, 132, 207
Maisí, 122
Mal Tiempo, 42
Malecón, 9b, 72, 125b, 131b, 136b, 137b, 159b, 218b, 285b
Mallorca, 11
Managua, 69b
Manicagua, 257b
Manzanillo, 54, 41, 100, 122, 207, 222
Maria la Gorda, 84, 103b
Marianao, 131, 132
Mariel, Dorf, 234
Mariel, Hafen von, 69
Marinello, Juan, 49
Marsfeld, 131
Martí, José, 12, 41, 41, 42b, 44, 49, 53, 38b, 130b, 132, 135, 141b, 163b, 237, 238
Martí, Park, 180b
Martí, Paseo de, 129b, 132b, 159b, 167b
Martinez Inclan, Pedro, 132
Masó, Bartolomé, 42
Matachin, 218
Matanzas, 81, 82b, 86b, 87, 125, 131, 181, 257b, 266
Matos, Hubert, 62
Matthews, Herbert, 57
Maya, 8, 24
Mayarí, 81
Medio, Bodeguita del, 148b
Mella, Julio Antonio, 49
Mendieta, Carlos, 49
Mengistu, 69
Mercedes, 286
Mercury, 286
Mexico, 8, 12, 49, 41, 42, 54, 64, 101, 124, 129, 266
Mexico, Golf von, 8, 8b, 59, 81, 82, 99, 101, 103b, 122, 125
Miami, 59, 61, 62, 69, 72, 75, 75b
Miel, 218
Milanes, Pablo, 238
Miramar, 132
Misas, Puerto de, 180
Mittelmeer, 129
Moa, 86
Moa, Cuchillas del, 85
Moçambique, 100
Moncada, 12, 225
Moncada, Guillermo, 42
Montiel, Sara, 129b
Montmartre, Kabaret, 50b, 59
Moré, Beny, 46, 181, 237
Moreno, Juan, 222
Morgan der Pirat, 101
Moron, Küste von, 99
Mujal, Eusebio, 50
Museo de Arquitectura Trinitaria, 184, 197b
Museo de Arte Coloniál, 200, 200b, 202b
Museo de la Lucha contra bandidos, 186b
Museo Emilio Bacardi, 222, 225
Museo Municipál, 197b
Museo Romántico, 185, 196b

N
Nacional, Hotel, 59, 59b, 167b
Namibia, 69
Nassau, 49
Nationales Musikinstitut, 238
Neto, Agostino, 69
Neuspanien, Vizekönigreich von, 129
Nevada, 50
New York Times, 57
New York, 42, 46, 59, 72b, 83, 135
Nicaragua, 69
Nicaro, 54, 86
Nigeria, 33, 249
Nipe, Bahia de, 100, 222
Nissan, 286
Nordmeer, 36
Nuestra Señora de la Candelaria, Catedral de, 207
Nuestra Señora de la Merced, 207, 250
Nuestra Señora de líAsuncion, 122b, 217, 221
Nuestra Señora de los Angeles de Jagua, Castillo de, 180
Nuestra Señora del Cobre, 221
Nuevitas, Bucht von, 207

O
Obbatalá, 250, 250b, 255b
Obispo, Calle, 46b, 156b
Ochún, 250, 252b
Ochoa, Eliades, 237
Ochoa, General, 69
Ochosi, 250
Ogún, 250
Ogaden, 69
Okzident, 29
Oldsmobile, 190b, 285, 286, 289b
Olofi, 250
Organos, Sierra de los, 85b, 86, 87
Ortega, Daniel, 69b, 250
Ortiz, don Fernando, 222, 237, 238

P
Packard, 190b
Padilla, Heberto, 238
Pais, Frank, 54, 57
Palma, Estrada, 44
Palos, 29
Pan American Airways, 135
Panama, 33, 59
Panama, Kanal von, 122
Paraguay, 41
Paris, 46, 81, 180, 180b, 181
Parque Central, 159b
Parque Honorato, 200b
Parque Sanchez, 200
Parque Vidal, 122b

Partagas, 269
Pasos Perdidos, Salon de los, 163b
Payret, Theater, 131
Pazifik, Ozean, 33, 34, 87, 122
Perú, 8, 41
Philipp II., 33
Philipp V., 130
Pico Turquino, 81, 85
Pinos, Isla de, 53, 37, 101, 131
Pizarro, Francisco, 33
Placetas, 124b
Plata, La, 57
Playa Ancon, 100b
Playa Giron, 64b
Playa Juragua, 99b
Playa Las Coloradas, 54
Playa Paredon, 103b
Playa Santa Lucia, 100
Playas de líEste, 103b
Plaza de la Revolución Mayor General Antonio Maceo y Grajales, 225, 225b
Plaza Mayor, 183, 185, 194b
Plaza Vieja, 157b
Plaza, Hotel, 162b
Porcallo de Figueroa, Vasco, 181
Portugal, 27b, 69
Portuondo, Omara, 237
Potosí, 33
Prado, 59, 59b
Prado, Paseo del, 180
Prado, Perez, 46
Prio, Carlos, 50
Pueblo Nuevo, 132
Puerto Padre, Bucht von, 29
Puerto Plata, 33
Puerto Principe, 207
Puertorico, 42, 44, 131
Punta Gorda, 84
Punta Maisí, 29, 100
Punta, La, 224
Purial, Sierra del, 85
Putin, Wladimir, 76b

Q
Quemado, Punta de, 122

R
Raff, George, 59
Ranieri, Katyna, 59
Real Compañia de la Habana, 36
Real Fuerza, Castillo de la, 129, 142b
Regla, 132
Reina, Jardines de la, 101
Reis, Selma, 238
Remedios, 183
Revolucion, Museo de la, 157b
Revolución, Plaza de la, 67b, 130b
Rico, Blanco, 50b
Río Cauto, 81, 87, 100
Río Melodioso, Park, 86b, 186b
Río, Pinar del, 7b, 67, 73b, 81b, 82, 85b, 86, 87, 87b, 88b, 94b, 101, 122b, 125, 258b, 266, 269b
Rivera, Diego, 81b
Riviera, Hotel, 59
Robusto, Coniba, 269
Rodriguez, Carlos Rafael, 49
Rodriguez, Silvio, 238
Rogers, Ginger, 59
Roig de Leuchsenrig, Emilio, 135
Roosevelt, Franklin Delano, 49
Rosario, Sierra del, 67, 86, 87
Rua Echerrí, 186b

S
Sabana-Camag,ey, Archipel, 99
Salazar, Nazario, 207
San Antonio, Cabo de, 101, 122
San Cristobal, 125, 129
San Felipe y Santiago de Bejucal, Grafschaft, 131
San Francisco de Paula, 59, 135,
San Francisco, 224
San Francisco, Plaza de, 130
San Juan de Jaruco oder de Gibacoa, Fürstentum, 131
San Juan y Martinez, 87
San Lázaro, 132
San Lazzaro, 39
San Luís, 87
San Luís, Tal von, 183
San Martín, Grau, 49, 49b, 50, 53
San Pedro de la Roca, 224
San Salvador de Bayamo, 217
San Salvador de la Punta, Festungen von, 129
San Salvador, 27b, 29
Sanchez, Celia, 54, 54b
Sanchez, Serafin, 200, 202b
Sancho Panzo Belicoso, 269
Sancti Spiritus, 30, 81, 86, 86b, 92b, 183, **200–206**, 217
Sanguily, Manuel, 42
Sans-Souci, Kabaret, 59
Santa Barbara, 249b
Santa Catalina, 224
Santa Clara, 60b, 61, 81, 122b, 183, 257b
Santa Cruz di Mopox, Graf, 180
Santa Cruz y Cardénas, Joaquin de, 180
Santa Ifigenia, Friedhof, 181
Santa Isabel, Hotel, 159b
Santa Maria de Puerto Principe, Villa, 207, 217
Santa Maria la Gorda, 81b
Santamaria, Abel, 53
Santamaria, Haidée, 53, 54
Santiago de Cuba, 30, 33b, 44, 45b, 53, 54, 57, 60b, 76, 82, 85, 86, 99b, 122, 122b, 124b, 125, 125b, 181, 217, 218, **221–229**, 237b, 238b
Santiago de Las Vegas, 135
Santiago del Prado, 221, 222
SantíAgostino, 130
Santisima Trinidad, 217
Santo Domingo, 41, 42b, 125, 184
Santos Suarez, Stadtviertel,135
Schweinebucht, 62b, 64, 64b, 76b, 86, 100, 233
Segundo, Compay, 76, 237
Semi-Vuelta, 266
Septeto Cubanas, 238
Septeto Nacional Ignacio Pineira, 238
Serrano y Dominguez, Francisco, 184
Sevilla, 34, 125, 130
Seville Biltmore, Hotel, 59
Shakespeare, William, 34
Sierra Maestra, 54, 57, 57b, 61, 81, 82, 85, 99, 99b, 225
Soroa, Kaskade, 85b
Sosa, Omar, 238
Spanien, 8, 27, 33, 34, 36, 39, 41, 42, 44, 44b, 81, 124, 129, 131, 221, 222, 257
Spanier, 27, 29, 30, 33, 42, 44, 101, 124, 200, 233, 249, 257
Studebaker, 190b, 285
Suarez, Benito, 237
Südafrika, 73
Südamerika, 42, 124

T
Tacón, Theater, 131, 164b
Tafelberg, 86
Tainos, 24, 24b, 27, 27b, 30, 233
Tararacos, Strand von, 122
Teatro Guerrero, 207
Teatro Principál, 207
Templo Mayor, 24
Tenochtitlán, 24
Tinima, Fluss, 207
Toa, 27, 86, 218
Toa, Cuchillas del, 85
Tomas Terry, Theater, 180b, 181
Torres, Barbarito, 237
Toscanelli, Paolo dal Pozzo, 29b
Tres Reyes del Morro, de los, Kastell, 129, 132b
Trinidad, 30, 34, 76, 86, 86b, 87, 100, 100b, 122b, **183–199**, 200, 200b, 217b, 237b, 238b
Trocha, 42
Tropicana, Kabaret, 50b, 59, 245b
Tuinicú, Fluss, 200
Tunas, Las, 42

U
UdSSR, 62, 67, 67b, 69, 72, 234, 258, 286
Unbesiegbare Armada, 36
Upmann Monarch, H., 269
Upmann, H., 269
Urrutia, Manuel, 60b
Uxmal, 24

V
Valdas, Amadito, 237
Valdés,Bebo, 238
Valladares, Armando, 238
Valladolid, 27d
Valle, Palacio de, 180b
Van Van, Los (Musikgruppe), 238
Varadero, 75, 82b, 99, 100, 237b
Varala, Carlos, 238
Vasconcelos, Emilio, 132
Vatikan, 75
Vedado, Stadtviertel, 59, 59b, 62b, 167b
Velazquez de Cuéllar, Diego, 29, 29b, 30, 33b, 124, 180, 217, 221
Venezuela, 41, 42, 76
Veracruz, 33
Vereinigte Staaten, 8, 36, 41, 44, 44b, 46, 49, 54, 57, 59, 61, 62b, 64, 67, 69, 72, 75, 76, 86, 122, 135, 180, 218, 234, 258, 266
Via Mulata, 218
Vibora, La, 135
Vietnam, 69
Villa Clara, 89b, 90b, 94b
Villas, Las, 125, 266
Villaverde, Cirilo, 41
Villena, Martinez, 49
Viñales, Tal von, 81b, 85b, 87, 88b, 234b, 269b, 272b
Virgen de la Candelaria de la Popa, Einsiedelei, 183
Virginia, 36
Vista Alegre, 225
Vuelta Abajo, 87, 266

W
Washington Ballet, 241b
Washington, 44, 46b, 49, 50, 53, 59, 62, 69, 72, 75, 163b
Washington, Senat von, 44
Weiss, Joaquin, 207
Weißes Haus, 49
Wells, Summer, 49
Weyler, Valeriano, 41, 42b, 132
Woytila, Karol, 75

X
Xanadú, 99

Y
Yemayá, 249b, 25≤0
Yucatán, 33b, 101
Yumurí, 86
Yunque, El, Berg 86, 218b

Z
Zanelli, Angelo, 163b
Zapata, Ciénaga de, 82, 94b,100
Zapata, Halbinsel, 64
Zerquera, Carlos, 197b

FOTONACHWEISE

ARCHIVIO WHITE STAR: S. 266 oben links und Mitte, 266 unten, 267.
ANTONIO ATTINI/ARCHIVIO WHITE STAR: S. 14-15, 20-21, 80, 82 links, 83, 84, 85 oben links, 86 links und Mitte, 87 links und Mitte, 88 oben, 88-89, 93 oben Mitte und unten, 98, 99 oben links und rechts, 99 oben Mitte, 99 unten, 100 Mitte und rechts, 101 rechts, 104-105, 110, 111, 113 oben, 120 oben rechts, 122 Mitte und rechts, 123 oben und unten, 129 unten, 130 links, 133 oben und unten, 134 oben, 136 Mitte und unten, 136-137, 141, 142 Mitte, 151 oben, 152 oben, 162-163, 163 oben links und rechts, 163 unten links und rechts, 176 oben, 180 unten, 183 oben Mitte, 185 unten, 189 oben, 198 Mitte und unten, 221 oben Mitte, 222 unten, 230 oben rechts, 233 links und rechts, 237 oben Mitte, 256, 257 oben links, 259 unten, 268 unten, 269 Mitte und rechts, 272 oben und unten, 278-279, 281 links, 290.
LIVIO BOURBON/ARCHIVIO WHITE STAR: S. 6-7, 7 oben links und rechts, 11, 13 oben und unten, 78 oben links und oben rechts, 85 oben rechts, 85 unten, 86 rechts, 87 rechts, 88 unten, 92-93, 94 unten, 96-97, 97, 120 oben links, 120 unten rechts,122 links, 124 links, Mitte und rechts, 125 links und rechts, 126-127, 129 oben rechts, 129 oben Mitte, 130 Mitte und rechts, 131 links, Mitte und rechts, 136 oben, 138-139, 140, 142 oben, 144-145, 148 unten rechts, 156 unten, 166 oben, 168-169, 170 oben und unten, 170-171, 172-173, 174, 174-175, 182, 183 oben links und rechts, 183 unten, 186 links, 186 oben rechts, 186 unten rechts, 189 Mitte und unten, 190-191, 191 oben, Mitte und unten, 192, 193 oben, Mitte und unten, 194 links und rechts, 195 oben links und rechts, 195 unten, 198 oben, 198-199, 200 oben, 200 unten links, Mitte und rechts, 201 oben und unten, 202 oben und unten, 202-203, 204 oben Mitte und unten, 204-205, 206, 207 unten links, Mitte und rechts, 209, 210, 211 links und rechts, 212, 213, 214 oben und unten, 215 oben und unten, 216, 217 oben links und rechts, 218 links und rechts, 221 oben rechts, 222 oben links und rechts, 225 unten, 226 oben und unten, 226-227, 228-229, 230 unten links und rechts, 232 oben, 234 links und rechts, 239 unten, 257 oben Mitte und oben rechts, 260-261, 263 oben, 269 links, 270-271, 272-273, 282 oben links, 285 links, Mitte und rechts, 287 oben und unten, 292, 300.
AFP/DE BELLIS: S. 242, 243.
AISA: S. 36 oben links, 42 rechts, 62 rechts, 82 rechts.
AP PRESS: S. 4-5, 22 unten rechts, 48 unten, 49 links, 58-59, 62 links, 63 oben, 66-67, 67 oben links und rechts, 67 unten, 68 oben rechts, 69, 72 links und rechts, 75, 76 unten links und rechts, 77 oben und unten, 232 unten, 241 unten, 249 unten, 250, 251, 259 oben, 262, 263 unten, 277 oben und unten, 280 links und rechts.
EUGENIO BERSANI/POLIS: S. 56, 62-63, 68 unten.
ALBERTO BISCARO/SIE: S. 289 unten.
RENE' BURRI/MAGNUM/ CONTRASTO: S. 70, 70-71, 71, 72-73, 179.
ROMANO CAGNONI: S. 23.
CLAUDIO CANGINI: S. 117 oben, 118.
ANGELO CAVALLI: S. 38 unten rechts, 39.
CIVICA RACCOLTA STAMPE A. BERTARELLI: S. 26-27.
CONTRASTO: S. 60-61, 61 oben links.
CUBAN INFORMATION ARCHIVES: S. 50 oben links und rechts und unten, 51.
GIOVANNI DAGLI ORTI: S. 26 oben links und rechts, 27 oben, 30 unten, 33 links, 34, 38 oben.
ELEONORA DE SABATA: S. 116.
DOUBLE'S: S. 29 oben rechts.
MARTINO FAGIUOLI: S. 64 oben links, 81links, 85 oben Mitte, 94 oben, 95, 109 oben, 109 unten, 115, 148 unten links, 281 rechts, 283, 286 links, 286 rechts, 290-291, 293, 295.
MARTINO FAGIUOLI MIT FREUNDLICHER GENEHMIGUNG VON CV EXPORT SAS BOLOGNA: S. 30 oben, 35 oben, 35 unten, 36 oben rechts, 38 unten links, 45 unten links, 48 oben, 135 links, 135 rechts, 197 oben, 197 unten, 225 oben, 230 oben links, 258 links, 258 Mitte, 258 rechts, 289 oben.
FARABOLAFOTO: S. 49 rechts, 65 oben links, 65 unten, 68 oben links.
FOTOTECA STORICA NAZIONALE: S. 45 unten rechts.
GAMMA/CONTRASTO: S. 59 oben, 74.
ITAMAR GRINBERG: S. 101 links, 114 oben.
DAVID ALAN HARVEY/ MAGNUM/ CONTRASTO: S. 246-247.
HEMISPHERE: S. 164 oben und unten, 241 oben.
HULTON GETTY/LAURA RONCHI: S. 22 unten links.
JERRICAN/AG. FRANCA SPERANZA: S. 245.
DANIEL LAINE/COSMOS/AG. FRANCA SPERANZA: S. 244-245.
MARY EVANS: S. 29 oben links, 40-41.
BRUNO MORANDI/AG. FRANCA SPERANZA: S. 10.
NASA: S. 8, 8-9.
NATIONAL MARITIME MUSEUM PICTURE LIBRARY: S. 32.
VINCENZO PAOLILLO: S. 78 unten rechts, 101 Mitte, 108-109, 114 unten, 117 unten, 118-119.
PHOTO12: S. 76 oben.
ANDREA PISTOLESI: S. 2-3, 12,18-19, 102-103, 120 unten links, 121, 128, 187, 188-189, 208 oben, 217 unten, 217 oben Mitte, 218-219, 220, 221 oben links, 221 unten, 229 unten, 233 Mitte, 237 oben links, 238, 239 oben.
POLIS: S. 22 oben rechts, 41 unten rechts, 42 links, 43, 52-53, 53 links und rechts, 54 oben, 54 Mitte und unten, 54-55, 57 oben rechts, 57 unten, 61 oben rechts, 61 unten, 62-63, 64 unten, 68 unten.
M. RENAUDEAU/HOAQUI/AG. FRANCA SPERANZA: S. 151 unten, 270, 276-277.
GIOVANNI RINALDI/IL DAGHERROTIPO: S. 78 unten links, 106 oben und unten, 106-107, 112-113, 113 unten, 142 unten, 148 oben, 149, 154-155, 159 rechts, 161, 184, 185 oben, 196 oben und unten, 207 oben, 208 unten, 216 oben, 231, 234 Mitte, 257 unten, 264-265, 268 oben, 284, 294.
MASSIMO RIPANI/SIME: S. 1, 16-17, 79, 81 rechts, 90-91, 103, 146-147, 156 oben, 158 oben, 164-165, 222-223, 228 unten, 234 Mitte, 274-275, 282 oben rechts.
VIOLLET ROGER/CONTRASTO: S. 29 unten, 41 unten links, 46 oben links und rechts, 46 unten, 59 unten links und rechts.
LUCIO ROSSI: S. 129 oben links, 158 unten, 176 unten, 177, 235, 236, 237 oben rechts, 249 oben Mitte, 249 oben rechts, 254-255, 255 oben und unten, 288-289.
SCALA GROUP: S. 24 links und rechts, 25 unten.
SCHMID/SIME: S. 134 unten, 157, 180 oben links, Mitte und rechts, 181.
THE BRIDGEMAN ART LIBRARY: S. 22 oben links, 25 oben, 28, 33 rechts, 36-37, 44, 45 oben.
THE BRITISH LIBRARY: S. 30-31.
ANGELO TONDINI/FOCUS TEAM: S. 178-179.
TOPHAM/DOUBLE'S/ICP: S. 47, 57 oben links, 64 Mitte, 65 oben rechts.
STEFANO TORRIONE: S. 132, 143, 150-151, 152 Mitte, 152 unten, 152-153, 159 links, 160 oben, 160 unten links und rechts, 166 unten, 167, 224, 237 unten, 240, 248, 249 oben links, 252, 252-253, 282 unten links und rechts, 286 Mitte.
EGIDIO TRAINITO/AURA: S. 100 links.
GIULIO VEGGI: S. 266 oben rechts.

300 Der Flucht von tausenden Kubanern 1990 setzt die Isla Grande heute die Zukunft ihrer jüngsten Kinder entgegen. Dank einer Lebenserwartung von über 75 Jahren, dank einer garantierten, umfassenden Ausbildung und dank der traditionellen Vaterlandsliebe und dem Freiheitsdrang werden die Kubaner des 21. Jahrhunderts die besten Möglichkeiten haben, aus ihrer Nation ein grosses Land zu machen.